Klett Lektürehilfen

Judith Hermann

Sommerhaus, später

Interpretationshilfe für Oberstufe und Abitur

von
Petra Lihocky

Klett Lerntraining

Petra Lihocky, Lehrerin für Deutsch und Englisch, Seminarlehrerin für Deutsch an einem Gymnasium in Bayern

Die Textzitate folgen der Ausgabe: Judith Hermann: Sommerhaus, später. Erzählungen. 16. Aufl. Frankfurt am Main: Fischer, 2014.

Bibliografische Information der Deutschen Bibliothek
Die Deutsche Bibliothek verzeichnet diese Publikation in
der Deutschen Nationalbibliografie; detaillierte bibliografische
Daten sind im Internet über http://dnb.ddb.de abrufbar

1. Auflage 2017

© PONS GmbH, Stöckachstraße 11, 70190 Stuttgart 2017
Teamleitung Sekundarstufe II: Christine Sämann
Umschlagfoto: Süddeutsche Zeitung Photo, München (Jürgen Bauer)
Satz: DOPPELPUNKT, Stuttgart
Druck: medienhaus Plump, Rheinbreitbach
Printed in Germany
ISBN: 978-3-12-923139-5

1 Inhaltsangabe und erste Deutungsaspekte

„Sommerhaus, später"

KURZINFO

Die gemeinsame Vergangenheit der Ich-Erzählerin und Steins

- Stein informiert die Ich-Erzählerin in einem Anruf über den Kauf eines Hauses auf dem Land und holt sie kurz darauf mit seinem Taxi zur Besichtigung ab.
- Während der Fahrt erinnert sich die Ich-Erzählerin an ihre nur wenige Wochen dauernde Liebesbeziehung mit Stein.
- Dabei wird dessen ambivalente Rolle als Mitglied und Außenseiter in der Berliner Clique der Ich-Erzählerin beleuchtet.
- Nach dem Ende ihrer Beziehung prägen Distanz und Kommunikationslosigkeit das Verhältnis zwischen Stein und der Ich-Erzählerin.

Im Mittelpunkt der Erzählung „Sommerhaus, später" steht die Beziehung zwischen dem Taxifahrer Stein und der namenlosen Ich-Erzählerin. Der Text beginnt mit einem Anruf Steins bei der jungen Frau, mit der er offenbar schon längere Zeit nicht in direktem Kontakt gestanden hat. Er teilt der irritierten Ich-Erzählerin aufgeregt mit, er habe „das Haus" (139) gefunden. Wie im weiteren Verlauf deutlich wird, hat Stein bereits viel Zeit in die Suche nach einer geeigneten Immobilie außerhalb Berlins investiert und durch seine Beharrlichkeit den Spott der „anderen" (ebd.), der Clique junger Berliner Künstler, der auch die Ich-Erzählerin angehört, auf sich gezogen. Trotz ihrer vorgeblichen Gleichgültigkeit Stein gegenüber (vgl. 140) folgt die junge Frau seiner Aufforderung, sich das Haus zusammen mit ihm anzusehen, und steigt in sein Taxi, als er sie nur wenige Minuten nach dem Telefonat in ihrer Wohnung abholt.

Anruf Steins bei der Ich-Erzählerin

Kauf eines Hauses auf dem Land

Gemeinsame Fahrten mit dem Taxi durch Berlin stellen in der Erinnerung der Ich-Erzählerin auch das wesentliche Element ihrer bereits zwei Jahre zurückliegenden Beziehung dar. Untermalt werden diese ziellosen Streifzüge durch die Großstadt von Musik aus dem Kassettenrecorder des Autos. Im Zusammenspiel mit den Eindrü-

Erinnerungen an die Beziehung mit Stein

cken der regennassen Straßen und Gebäude entsteht so eine unwirkliche, rauschhafte Atmosphäre. Nach der ersten Begegnung „in seinem Taxi" (140) zieht der wohnsitzlose Fahrer bei der Ich-Erzählerin ein, muss sich nach drei Wochen jedoch eine neue Bleibe suchen, da die junge Frau schon nach kurzer Zeit das Interesse an ihm verloren hat.

Steins ambivalente Rolle in der Berliner Clique

Der attraktive Stein geht daraufhin eine Reihe schnell wechselnder Beziehungen mit Künstlerinnen und Künstlern aus dem Umfeld der Ich-Erzählerin ein und teilt deren von Alkohol, Drogen und Festen geprägten, freien und unverbindlichen Lebensstil. Wegen seiner geregelten Arbeit als Taxifahrer und der misslingenden Identifikation mit dem depressiven, überreizten Lebensgefühl der anderen bleibt er aber eine Art Fremdkörper in der Gruppe.

Aufenthalte der Clique auf dem Land

Im Sommer verlegt die Berliner Clique ihre ausschweifenden Zusammenkünfte häufig in „klein[e] Landhäuschen" (142). Obwohl sich die Großstädter dabei von den als spießerhaft und provinziell empfundenen Einheimischen abzugrenzen suchen und ein bewusst arrogantes, antibürgerliches Verhalten pflegen, zeigt sich dennoch ihre Sehnsucht nach einer ländlichen Idylle als Gegenpol zu dem urbanen Lebensumfeld Berlins. Die Beziehung der Ich-Erzählerin zu Stein bleibt trotz dessen permanenter Präsenz distanziert und geht über ein schweigendes Einverständnis kaum hinaus.

KURZINFO

Die Fahrt zu Steins Haus und dessen Besichtigung
- Schweigen und fehlgeschlagene Kommunikationsversuche bestimmen die Fahrt zu Steins Haus.
- Die Vormieter des Hauses lösen während eines Zwischenstopps eine starke Aversion bei der Ich-Erzählerin aus.
- Ein kurzer Moment euphorischer Vorfreude der Ich-Erzählerin weicht bei der Ankunft an dem maroden Anwesen in Canitz großer Ernüchterung.
- Während der Besichtigung zeigen beide Figuren widersprüchliche Verhaltensweisen gegenüber dem anderen.
- Der Versuch der Klärung ihrer Situation scheitert, da sich keiner von beiden offen zu den eigenen Gefühlen bekennt.

Auf dem Weg zu Steins neu erworbenem Haus, der außerhalb Berlins von immer stärker werdenden Schnee-
fällen begleitet wird, scheitern die Versuche der Ich-Erzählerin, Steins Motive für die Einladung zu ergründen.
Ebenso wenig ist sie sich der Ursachen ihres eigenen
Verhaltens bewusst. Ähnlich ergebnislos wie ihre gedanklichen Überlegungen verläuft auch das Gespräch mit
Stein über das Haus und dessen Preis, das durch den Vorwurf des sichtlich nervösen und aufgeregten Taxifahrers,
die Ich-Erzählerin stelle die falschen Fragen, rasch ins
Stocken gerät. Eine flüchtige Annäherung der beiden Figuren, die die Ich-Erzählerin zu einer kurzen Berührung
von Steins Wange veranlasst, findet erst statt, als der
Protagonist eine Kassette der Opernsängerin Maria Callas
abspielt und damit Erinnerungen an einstige Momente
des Einklangs wachruft. Um die Schlüssel für das Haus
zu holen, legt Stein einen Zwischenstopp in Angermünde bei den ehemaligen Mietern des Hauses ein, einer un-
freundlichen, abweisend wirkenden Frau und ihrem
„blasse[n], kümmerliche[n] Kind" (146), die bei der Ich-
Erzählerin starke Aversionen hervorrufen. Auch stößt
sich die junge Frau an Steins Verbindlichkeit gegenüber
der Vormieterin und seinem Verständnis für deren
schwierige Situation, sodass erneut Differenzen zwischen beiden zutage treten.

Misslingende Ergründung emotionaler Befindlichkeiten

Antipathie gegenüber Vormietern des Hauses

Positive Gefühle und Empathie hinsichtlich Steins Euphorie weckt in der Ich-Erzählerin jedoch der ihr anver-
traute Schlüsselbund des Hauses, dessen Gewicht, Größe
und ästhetische Gestaltung sie beeindrucken. Doch das
Dorf Canitz, in dem sich das Haus befindet, macht einen
verwahrlosten und verlassenen Eindruck. Am Ziel angekommen, muss die Ich-Erzählerin schließlich ernüchtert feststellen, dass es sich bei dem „große[n], zwei-
stöckige[n] Gutshaus aus rotem Ziegelstein" (148), dessen
morbide Schönheit durchaus besticht, um eine baufälli-
ge, einsturzgefährdete „Ruine" (ebd.) handelt.

Euphorie und Ernüchterung

Nur zögernd folgt sie Stein in den Flur und sucht Halt
an seiner Hand, die sie während der folgenden Hausbesichtigung nicht mehr loslässt. Nichtsdestotrotz scheint
Stein sie aufgrund seiner Begeisterung für seinen Besitz
kaum noch wahrzunehmen, bis er die Ich-Erzählerin in

Zwischen Nähe und Distanz

den Garten führt und ihr seinen Plan offenbart, das Anwesen gemäß der – von ihm abfällig geschilderten – Bedürfnisse der Berliner Clique nach einem von Drogenkonsum und Rausch bestimmten Leben zu gestalten. Durch Steins unterschwellige Aggressionen verunsichert, reagiert sie abweisend auf seinen anschließenden Beschwichtigungsversuch, zumal sie ihre ambivalenten Gefühle ihm gegenüber nicht einzuordnen vermag. Hin und her gerissen zwischen dem Wunsch nach Nähe und dem Bedürfnis nach Distanz bittet sie Stein während des gemeinsamen Rauchens auf der schneebedeckten Veranda um eine Erklärung für sein Verhalten. Auf dessen indifferente Beschreibung des Hauses als „eine Möglichkeit, eine von vielen" (152), die beide getrennt voneinander oder gemeinsam nutzen könnten, reagiert die Ich-Erzählerin irritiert. Statt auf Steins unterschwellig geäußertes Angebot einer festen Bindung mit einem gemeinsamen Wohnsitz einzugehen, signalisiert sie völliges Unverständnis angesichts des unverbindlichen Charakters seiner Aussage. Zudem glaubt sie sich durch das „Kind aus Angermünde" (ebd.) beobachtet. Ihrer Verunsicherung schenkt Stein jedoch keine Beachtung, vielmehr fordert er sie zur Rückfahrt auf und bedankt sich „kühl" (153) für ihre Begleitung.

Scheitern des Ausspracheversuchs

KURZINFO

Das Ende der Beziehung zwischen Stein und der Ich-Erzählerin
- Im Anschluss an die missglückte Besichtigungstour setzen beide ihr gewohntes Leben fort.
- Nach Steins plötzlichem Verschwinden beginnt er, der Ich-Erzählerin Postkarten aus Canitz zu senden, auf die sie nicht reagiert.
- Postalisch erfährt sie schließlich von der Zerstörung des Hauses durch einen Brand, vertagt die Auseinandersetzung damit jedoch auf einen späteren Zeitpunkt.

Fortsetzung der Unternehmungen der Berliner Clique

In den folgenden Wochen setzt die Berliner Clique ihre gewohnte Lebensweise in Form nächtlicher Schlittschuhfarten unter Drogeneinfluss fort, ohne dass jemand von Steins Hauskauf erfährt. Wie die Baumaterialien in dessen Kofferraum nahelegen, hat er die Renovierungsarbeiten an dem alten Anwesen mittlerweile aufgenommen. Während der gemeinsamen winterlichen Unternehmungen meiden die Ich-Erzählerin und der Taxifahrer einander, bis im Februar ein Mitglied der Clique im Eis einbricht, was beide – ungeachtet der Dramatik der Situation sowie der Rettung des Betroffenen – zu einem hysterischen Lachanfall veranlasst. Dieses Erlebnis vermittelt zumindest auf nonverbaler Ebene eine gewisse Einmütigkeit.

Kurz nach dem Vorfall, im März, verschwindet Stein, ohne die Clique über seine Pläne informiert zu haben. Er beginnt jedoch schon bald, der Ich-Erzählerin regelmäßig Postkarten aus Canitz zu schreiben, auf denen er von Vorbereitungen für einen Besuch der Ich-Erzählerin spricht. Er erinnert sie daran, dass der Schlüsselbund seines Hauses noch in ihrem Besitz sei, fordert sie aber nicht direkt auf, zu ihm zu kommen. Unter dem Vorwand, auf eine ausdrückliche Einladung Steins zu warten, sieht die Ich-Erzählerin von einer Reaktion auf die postalischen Annäherungsversuche ab.

Postkarten Steins aus Canitz

Schließlich erhält sie im Mai von Stein einen Brief. In dem Umschlag befindet sich ein Zeitungsartikel des Angermünder Anzeigers, der über die möglicherweise durch Brandstiftung verursachte Zerstörung des Hauses in Canitz, dessen Besitzer als vermisst gemeldet sei, berichtet. Dass Stein selbst diesen Brand gelegt und damit einen Schlussstrich unter seine Bemühungen um die Ich-Erzählerin gezogen hat, wird nicht erwähnt. Die Erzählung endet damit, dass die Protagonistin den Umschlag in eine Schublade „zu den anderen Karten und dem Schlüsselbund" (156) legt, offenbar in der vagen Hoffnung, die Beziehung zu Stein zu einem späteren Zeitpunkt wieder aufnehmen zu können. Einer direkten Auseinandersetzung mit dem Geschehenen und dem als eindeutig zu wertenden Signal Steins, sein Leben in neue Bahnen lenken zu wollen, geht sie damit aus dem Weg, ohne sich der Endgültigkeit von Steins Entschluss bewusst zu werden.

Zerstörung des Hauses durch einen Brand

Vertagung der Auseinandersetzung mit dem Geschehenen

Bereits der Titel verweist über den nachgestellten und mit einem Komma abgetrennten Zusatz „später" auf die Grundproblematik sowie das Ende der Erzählung. Statt selbstbestimmt reflektierte Entscheidungen zu treffen, lässt die Ich-Erzählerin den Dingen ihren Lauf und nimmt die endgültige Weichenstellung Steins in Form seiner Brandstiftung nicht einmal zur Kenntnis. Damit verdrängt sie letztlich nicht nur den Status quo ihrer Beziehung, sondern auch die Endlichkeit des menschlichen Daseins, das ein „später" irgendwann nicht mehr zulässt.

„Rote Korallen"

KURZINFO

Die Geschichte der Urgroßmutter

- Als Erbstück von ihrer Urgroßmutter ist das rote Korallenarmband von zentraler Bedeutung für die Ich-Erzählerin und die gesamte Erzählung.
- Die Urgroßeltern der Ich-Erzählerin ziehen zu Beginn des 20. Jahrhunderts nach Russland.
- Dort fristet die Urgroßmutter ein einsames Dasein in Sankt Petersburg, während ihr Mann als Ofenbauer durch das Land reist.
- Liebesaffären mit russischen Künstlern und Gelehrten trösten die Urgroßmutter über die dreijährige Abwesenheit ihres Mannes hinweg.
- Aus Angst vor einer weiteren Reise ihres Mannes offenbart die Urgroßmutter ihm nach seiner Rückkehr ihre Untreue, indem sie ihm das rote Korallenarmband, das Geschenk eines ihrer Liebhaber, zeigt.
- Der Urgroßvater stirbt im Duell mit dem Rivalen.
- Sieben Monate später kehrt die Urgroßmutter mit ihrer neugeborenen Tochter nach Deutschland zurück.
- Auch Isaak Baruw, ehemaliger Freund und Sekundant ihres Mannes, kann durch ihre Hilfe Russland kurz nach Ausbruch der Revolution gemeinsam mit ihr verlassen.

Einsames Dasein der Urgroßmutter in St. Petersburg

Im Mittelpunkt der Erzählung steht das titelgebende rote Korallenarmband der Ich-Erzählerin, ein Erbstück, das einst ihrer Urgroßmutter gehört hat. Deren Geschichte wird im ersten Teil des Textes durch ihre Urenkelin vermittelt. Die Urgroßmutter, eine attraktive Frau, zieht zu Beginn des 20. Jahrhunderts mit ihrem Mann, einem Ofenbauer, nach Russland. In der ihr fremden Umgebung vergräbt sie sich einsam in ihrer Wohnung in Sankt Petersburg, während ihr Mann aufgrund seines Berufs lange Reisen durch das Land unternimmt. Seine anteils- und emotionslosen sowie ermüdenden Briefe, die sich einzig um den Ofenbau drehen, verstärken die Niedergeschlagenheit und das Heimweh der Frau.

Ihre Situation spricht sich bald in den Künstler- und Gelehrtenkreisen des Stadtteils, in dem sie wohnt, der Insel Wassilij Ostrow, herum. Die bei der Urgroßmutter vorstellig werdenden Männer sind von ihrer melancholischen Schönheit und ihrer Fremdartigkeit fasziniert, und so lässt sich die antriebslose, matte Frau bald auf Liebesaffären ein, die ihr dabei helfen, das isolierte Leben fern der Heimat zu ertragen, und sie über die Defizite ihrer unglücklichen, gefühlskalten Ehe hinwegtrösten. Trotz der Versicherungen des Urgroßvaters, bald mit ihr nach Deutschland zurückzukehren, muss die Urgroßmutter drei Jahre allein verbringen, bis dieser schließlich ankündigt, nach Sankt Petersburg zu kommen und danach nur noch eine einzige Reise zu unternehmen.

Nach der Ankunft essen die beiden zusammen zu Abend. Den Ausführungen ihres Mannes über seine Reiseeindrücke und die geplante Rückkehr in die Heimat kann die Frau nicht folgen, da er russisch spricht. Doch reagiert sie auf die Erwähnung einer weiteren Reise nach Wladiwostok, indem sie ihr Handgelenk mit dem Korallenarmband, ein Geschenk ihres Geliebten Nikolaij Sergejewitsch, als Zeichen stillen Protests deutlich sichtbar auf den Tisch legt. Als der Urgroßvater auf Nachfrage von der Affäre seiner Frau erfährt, lässt er seinen Freund Isaak Baruw umgehend ein Duell mit Nikolaij Sergejewitsch für den folgenden Morgen arrangieren, bei dem der Ofenbauer erschossen wird.

Kurz nach dem Ausbruch der Revolution kehrt die Urgroßmutter sieben Monate später mit dem letzten Zug aus Sankt Petersburg nach Deutschland zurück, nachdem sie ihre Tochter, die ihrem Geliebten mehr als ihrem verstorbenen Mann ähnelt, entbunden hat. Begleitet wird sie dabei von Isaak Baruw, der durch ihre Hilfe im letzten Moment in den Zug einsteigen kann und ihr deshalb lebenslang in Dankbarkeit verbunden bleibt, jedoch ihr Zimmermädchen heiratet.

Liebesaffären mit russischen Künstlern und Gelehrten

Das rote Korallenarmband als Zeichen der Untreue

Duelltod des Urgroßvaters

Rückkehr nach Deutschland

KURZINFO

Die Beziehung der Ich-Erzählerin zu ihrem Geliebten

- Isaak Baruws Urenkel, ihren Geliebten, lernt die Ich-Erzählerin auf der Beerdigung von dessen Eltern kennen. Aus Mitleid sowie der Hoffnung auf weitere Erkenntnisse über die Vergangenheit ihrer Urgroßmutter geht sie eine Beziehung mit ihm ein.
- Ihr depressiver Geliebter verweigert jedoch nicht nur die Kommunikation über ihrer beider Vorfahren, sondern jeglichen gedanklichen Austausch.
- Dies führt zu einem enormen inneren Druck bei der Ich-Erzählerin, da sie sich nicht aus dem Schatten ihrer Urgroßmutter zu lösen vermag.
- Auf der Suche nach Unterstützung bei ihrer Identitätssuche verfällt sie daher auf den Gedanken, den Therapeuten ihres Geliebten aufzusuchen.
- Der Protest des Geliebten gegen diesen Plan bleibt erfolglos.

Isaak Baruws
Urenkel als
Bindeglied zur
Vergangenheit

Den letzten lebenden Nachkommen Isaak Baruws, seinen Urenkel, lernt die Ich-Erzählerin auf der Beerdigung von dessen Eltern kennen. Die junge Frau empfindet Mitleid mit dem zehn Jahre älteren Mann, dessen Mutter und Vater in einem See ertrunken sind. Sie glaubt, ihn durch die Geschichten ihrer beider Vorfahren trösten zu können, beziehungsweise durch ihn eine neue Sicht der Ereignisse in Sankt Petersburg zu erlangen. Daher geht sie eine Beziehung mit ihm ein, auf den sich der zweite Teil der Erzählung konzentriert.

Kommunikations-
verweigerung
des Geliebten

Ihr Geliebter scheint jedoch weder Kenntnisse über die Petersburger Zeit zu besitzen, noch möchte er sie überhaupt zum Gegenstand einer Unterhaltung machen. Seine generelle Kommunikationsverweigerung steht dabei im scharfen Kontrast zu dem starken Bedürfnis der Ich-Erzählerin nach gedanklichem Austausch, das vor allem ihrer Suche nach Identität entspringt. Während sie sich nach eigenem Bekunden nur mit sich selbst beschäftigt, behauptet er gebetsmühlenartig, sich nicht für sich selbst zu interessieren. Paradoxerweise sucht er dennoch regelmäßig einen Therapeuten auf, belegt dieses Thema jedoch ebenso wie die Petersburger Geschichten mit einem Tabu, sodass Sprachlosigkeit und resignatives Schweigen die Beziehung zur Ich-Erzählerin bestimmen.

Der offenbar depressive Mann verbringt seine Zeit wie gelähmt auf dem Bett in seinem Zimmer, das an einen

Friedhof angrenzt. Während die Ich-Erzählerin ihn beobachtet, verfällt sie in eine ähnliche körperliche Starre und verliert sich dabei in Gedanken. Diese drehen sich sowohl um die immer verlockender erscheinende Vorstellung, den Therapeuten ihres Geliebten selbst aufzusuchen und dort ihre eigene Situation zu thematisieren, als auch um ihre Urgroßmutter, deren Korallenarmband sie trägt und deren Geschichte sie nicht von ihrer eigenen zu trennen vermag.

Äußere Stagnation und innere Suche nach einem Ausweg

Ihr Bedürfnis, sich mit der Vergangenheit ihrer Vorfahrin auseinanderzusetzen, um sich auf diese Weise davon zu befreien, wird schließlich so stark, dass sie ihrem Geliebten droht, mit dessen Therapeuten darüber zu sprechen, da er selbst nach wie vor nicht dazu bereit ist. Dieser vermeintliche Einbruch in seine Privatsphäre erscheint ihm als unerträglicher Affront, sodass er die Ich-Erzählerin sowohl mit Überzeugungsversuchen als auch unter Anwendung körperlicher Gewalt von einem Besuch in der Praxis des Arztes abhalten will. Seine Bemühungen haben jedoch keinen Erfolg.

Disput über den Therapeuten des Geliebten

Der Besuch der Ich-Erzählerin beim Therapeuten
- Durch die Parallelen zwischen dem schweigsamen Therapeuten und ihrem Geliebten verunsichert, zieht die Ich-Erzählerin nervös am Seidenfaden ihres Korallenarmbands, bis dieser reißt.
- Fassungslos kriecht sie auf dem Boden herum und versucht vergeblich, die im gesamten Zimmer verstreuten Korallen zusammenzusuchen.
- Als der Therapeut das Ende der Sitzung verkündet, bewirft sie ihn in einer Art von Befreiungsakt mit den bereits aufgesammelten Korallen.
- Der Emanzipationsprozess der Ich-Erzählerin setzt sich mit einer Wendung ins Fantastische fort: Der Therapeut, und mit ihm die belastenden Geschichten und Erinnerungen, werden vom Meer weggespült.
- Auch den Geliebten findet die Ich-Erzählerin anschließend tot auf seinem Bett vor.

Im Mittelpunkt des dritten Teils der Erzählung steht der Besuch der Ich-Erzählerin bei dem Therapeuten ihres Geliebten. Bereits vor Beginn der Sitzung fühlt sie sich durch die Größe des Zimmers und das beharrliche Schweigen des Mannes, das sie an ihren Geliebten erinnert, so verunsichert, dass sie nicht in der Lage ist, auf

Verunsicherung durch die Schweigsamkeit des Therapeuten

dessen letztendlich geäußerte Frage, worum es ihr denn gehe, zu antworten. Ihren Wunsch, sich von den auf ihr lastenden Geschichten zu befreien, vermag sie nicht zu äußern. Stattdessen zieht sie nervös an ihrem Korallenarmband, worauf der Seidenfaden reißt und hunderte Korallen auf den meeresblauen Teppichboden fallen.

Während sie wutentbrannt versucht, die Korallen wieder aufzusammeln, und dabei auch unter den Schreibtisch des Therapeuten kriecht, reflektiert sie noch einmal über all die Wendungen, die seit der Übergabe des Armbandes durch Nikolaij Sergejewitsch an ihre Urgroßmutter zu ihrer jetzigen entwürdigenden Situation geführt haben. Innerlich stark aufgewühlt erhebt sie sich schließlich weinend vom Boden, da ihr die Aussichtslosigkeit ihres Unterfangens bewusst geworden ist. In diesem Moment erklärt der Therapeut, der während des gesamten Vorfalls keinerlei Regung zu zeigen scheint, die Sitzung für beendet. Daraufhin schleudert sie die in ihrer Hand befindlichen Korallen dem Therapeuten entgegen. Somit leistet sie nicht nur einen Akt des Widerstands gegen die soeben erfahrene Demütigung durch den Therapeuten, sondern befreit sich auch von den durch das Armband symbolisierten Fesseln der Vergangenheit.

Beendet wird die Erzählung mit einer Wendung ins Fantastische: Die Ich-Erzählerin beschreibt, wie der Therapeut in einer Flut von Meereswasser versinkt und dabei zugleich die Erinnerungen an den Geliebten und ihre Großmutter mit fortreißt. Ihren Geliebten, den die Ich-Erzählerin im Laufe des Textes wiederholt mit einem Fisch verglichen hat, besucht sie noch einmal und findet ihn – offenbar tot – auf seinem „wassernassen Bett" (29) treibend.

Lösen des Korallenarmbands

Vergeblicher Versuch des Aufsammelns der Korallen

Widerstand und Befreiung

Fantastische Wendung: Tod des Therapeuten und des Geliebten

14

„Hurrikan (Something farewell)"

KURZINFO

Chancen und Möglichkeiten eines Lebens auf Jamaika
- Ergebnisloses Warten bestimmt die Handlung der Erzählung.
- Christine und Nora halten sich bei Noras Exfreund Kaspar auf Jamaika auf.
- Langeweile und die Bedrohung durch einen herannahenden Hurrikan prägen die Atmosphäre.
- Nora hält Kaspar, der auf einen Neubeginn ihrer einstigen Liebesbeziehung hofft, auf Distanz.
- Der Einheimische Cat, Kaspars Freund, beginnt, nach einer Phase der stillen Beobachtung der Gäste um Christine zu werben.
- Trotz dessen Status als untreuer Ehemann und Familienvater bezieht Christine zunächst keine klare Position ihm gegenüber, weist aber schließlich seine Bitte um eine gemeinsame Nacht zurück.
- Cats Ehefrau, die ihn einige Zeit zuvor wegen seiner Untreue verlassen hat, kehrt zurück und holt ihren Mann nach Hause.

„Sich so ein Leben vorstellen" (31) – dieses gedankliche Spiel, mit dessen Beschreibung die Erzählung „Hurrikan (Something farewell)" eröffnet wird, steht paradigmatisch für die gesamte Handlung. Bestimmt wird diese vor allem durch die Passivität der Figuren, das Warten auf lebensverändernde Erlebnisse und Ereignisse, die letztlich nicht eintreten. Wie der Leser erfährt, gehört zu diesem Spiel, einer Lieblingsbeschäftigung der Freundinnen Nora und Christine, die Kulisse einer tropischen Inselnacht. Verortet ist das Geschehen denn auch auf der nicht näher bezeichneten, aber unschwer aus der Anspielung im Titel und den Ortsnamen erkennbaren Insel Jamaika, wo sich die beiden jungen Frauen zu Besuch bei Noras ehemaligem Freund Kaspar, einem deutschen Auswanderer, aufhalten. Das Herannahen eines Hurrikans, vor dem die Inselbewohner mittels Radio gewarnt werden, und das heiß-schwüle Klima lassen eine bedrohlich wirkende, aufgeladene Atmosphäre entstehen.

Gedankenspiele und passives Abwarten

Tropische Kulisse

Nach der Ankunft der beiden Frauen hält sich der Einheimische Cat täglich bei seinem Freund Kaspar auf und verbringt die Tage mit dem Konsum von Haschisch auf einem Verandastuhl. Sein wortlos geäußertes Interesse an Nora und Christine bleibt zunächst unbemerkt; viel zu sehr sind die beiden mit der Entdeckung der für sie

Einseitiges Interesse Cats und Kaspars

neuen Umgebung beschäftigt, was auch Kaspars Hoffnungen auf einen Neuanfang mit Christine untergräbt. Deren spöttisch-abweisende Haltung verletzt und enttäuscht ihn, sieht er in ihrem Besuch doch primär ein Signal, das die Wiederaufnahme ihrer Beziehung verspricht.

Während die Freundinnen tagsüber „irgendeinen Strand" (36) ansteuern, sind die Abende durch Trägheit, Ereignislosigkeit und die daraus resultierende Nervosität Christines geprägt. Ihre Unruhe und ihr Unverständnis gegenüber Kaspars Entscheidung für ein Leben auf Jamaika sorgen bei ihm für Verstimmung. Deutlich drückt Christine auch ihre Abneigung gegenüber der als oberflächlich empfundenen Lebensführung der Einheimischen aus, die sie mit „Mangos. Sex. Kinder" (39) umreißt.

Langeweile und Gereiztheit

Vorführung des Drachenfliegers

Anlässlich der vorab angekündigten Vorführung eines Drachenfliegers versammeln sich am Morgen nach dieser Auseinandersetzung zwischen Christine und ihrem Gastgeber zahlreiche Dorfbewohner vor Kaspars Haus, um dem Mann direkt beim Start zuzusehen. Wegen Windstille schlägt sein erster Flugversuch jedoch fehl, weshalb Christine, Nora und die anderen Zuschauer die Veranda verlassen und sich anderen Dingen zuwenden. Nur Cat bleibt zurück und beobachtet als Einziger den beim zweiten Versuch geglückten Start, worauf er das erste Mal das Wort an Christine richtet und sie dazu auffordert, das Warten „[a]uch auf die kleinen Ereignisse" (41) zu lernen. Daraufhin wendet sich diese beleidigt ab.

Direkte Avancen Cats

Nach insgesamt siebzehn Tagen werden Cats Avancen direkter. Während er Christine am Handgelenk festhält, offenbart er ihr auf der Veranda seine Zuneigung. Sie selbst fühlt sich von ihm durchaus körperlich angezogen, entzieht sich jedoch lachend der Situation. Kaspar, der über Cats Verhalten im Bilde ist, versucht Christine davon abzuhalten, sich mit dem verheirateten Jamaikaner einzulassen. Cat warte eigentlich auf die Rückkehr seiner Frau, die ihn wegen seiner Untreue zwei Wochen zuvor verlassen und samt Kind Unterschlupf bei ihrer Familie gesucht habe. Doch Christines Desinteresse und Gleichgültigkeit gegenüber den familiären Bindungen

Warnung vor einer Beziehung mit Cat

16

Cats führen erneut zur Verärgerung Kaspars, der ihr schließlich mitteilt, der eigentliche Grund für ihre Anziehungskraft liege in ihrer weißen Hautfarbe.

Zwei Tage nachdem Cats Werben durch die offen ausgesprochene, von Christine aber abgelehnte Bitte um eine gemeinsame Nacht noch offensiver geworden ist, taucht seine Frau Lovy mit ihrem Kind und einer Begleiterin in einiger Entfernung zu Kaspars Veranda auf. Dort bleibt sie so lange stehen, bis Cat aus seinem Stuhl aufsteht, sich unter Noras und Christines Augen zu Lovy begibt und kurz bei ihr verweilt. Ohne Erklärung verlässt Cat zwei Stunden später Kaspars Haus und macht sich auf den Weg ins Dorf zu seiner Frau.

Rückkehr Cats zu seiner Familie

KURZINFO

Nicht eingelöste Hoffnungen und Erwartungen
- Cat verbringt die Abende nun auf einem Platz in seinem Dorf.
- Christine und Nora stellen sich in einem Gedankenspiel ein einfaches und glückliches Leben auf Jamaika mit einem einheimischen Ehemann vor.
- Während Nora ihren Aufenthalt auf unbestimmte Zeit verlängert, ist Christine zu einer klaren Entscheidung nicht in der Lage. Daher sehnt sie den Hurrikan herbei, um ihn – vergeblich – als Vorwand für eine Verschiebung ihres Rückflugs nach Deutschland zu nutzen.
- Am Abend vor der Abreise Christines kommt es zu einem Kuss zwischen ihr und Cat auf dem Dorfplatz.
- Zurück in Deutschland erfährt sie, der Hurrikan sei an der Insel vorbeigezogen.

Nach der Rückkehr zu seiner Familie verbringt Cat die Abende in Gesellschaft älterer einheimischer Männer beim Dominospiel auf einem Platz vor Brentons Laden, der in einer Holzhütte Rum und Zigaretten verkauft. Dort findet auch das bereits erwähnte Spiel „Sich-so-ein-Lebenvorstellen" (48) statt. Dabei malen sich Nora und Christine nachts ein einfaches, ärmliches, aber zufriedenes und glückliches Leben auf Jamaika aus, das Christine mit dem als stark und schweigsam charakterisierten Cat bzw. Nora mit dem sanftmütig und liebevoll dargestellten Brenton teilen würde.

Vorstellung eines Lebens auf Jamaika

Parallel zu den stagnierenden Beziehungen der Figuren wächst die Bedrohung durch den herannahenden Hurri-

Sehnsucht nach
dem Eintreffen
des Hurrikans

kan, dessen Eintreffen Christine trotz der damit verbundenen existenziellen Bedrohung herbeisehnt, wie aus ihren Äußerungen wiederholt zu erkennen ist. Während Nora sich entscheidet, den geplanten Rückflug nach Deutschland nicht anzutreten, ohne sich dabei darauf festzulegen, was dies für ihre Beziehung zu Kaspar bedeutet, versucht Christine die Gefahren des vorhergesagten Wirbelsturms als Vorwand zu nutzen, um die Insel

Misslingendes
Täuschungs-
manöver

nicht verlassen zu müssen. Da Kaspar dieses Täuschungsmanöver jedoch durchschaut und seine Verärgerung über Christines Naivität und mangelnde Entscheidungskraft deutlich zum Ausdruck bringt, kann sie ihren Aufenthalt letztlich nicht verlängern.

Am Abend vor Christines Abreise fährt sie mit Nora und Kaspar noch einmal zu dem Platz an Brentons Laden, sucht voller Nervosität nach Cat und setzt sich schließlich neben ihn auf eine Bank im Dunkeln. Dort kommt

Der Kuss:
Höhepunkt der
Beziehung
zwischen Cat und
Christine

es zu einem Kuss zwischen den beiden, den Christine gleichzeitig aus der Distanz beobachtet und analysiert. Auf Cats Fragen hin gibt Christine vor, wieder nach Jamaika kommen und ihre Zeit dann ihm widmen zu wollen. Die als fremdartig und verlockend wahrgenommene Situation wird durch Kaspars Ruf nach Christine und die Rückfahrt zu dessen Haus beendet.

Zurück in Deutschland erfährt Christine aus Briefen Noras von der Gewalt in der Ehe zwischen Lovy und Cat, die von beiden Seiten auszugehen scheint, an der Christine aber keine Schuld trage. Die Erzählung endet mit der Mitteilung Noras, der Hurrikan sei an der Insel vorbeigezogen und Cat hoffe auf Christines Rückkehr. We-

Ausbleiben des
Hurrikans

der ist also die erwartete Naturkatastrophe eingetreten, noch hat Christines Leben eine entscheidende Wendung erfahren. Wie der brieflich geäußerte Wunsch Noras nach mehr Distanz seitens Kaspar (vgl. 32) nahelegt, haben wohl auch deren Bindungsangst und Unentschlossenheit nach Christines Heimflug keine bedeutende Veränderung erfahren.

2 Analyse und Interpretation

Aufbau und Struktur der Handlung

„Sommerhaus, später"

KURZINFO

Leerstellen als spannungserzeugendes Moment

- Die oberflächlich betrachtet eher handlungsarme Erzählung bezieht ihre Spannung aus den Leerstellen hinsichtlich der Gedanken und Gefühle der beiden Hauptfiguren.
- Diese Leerstellen lassen einen großen Spielraum für die Auslegung zu.
- Nach dem unvermittelten Einstieg wird das Geschehen auf zwei Zeitebenen vermittelt.
- Die Erzählgegenwart umfasst das Geschehen vom Hauskauf Steins bis zu dessen Zerstörung.
- Unterbrochen wird die Handlungschronologie durch eine kürzere und eine längere Rückblende zur Darstellung der Vorgeschichte der Beziehung zwischen Stein und der Ich-Erzählerin.
- Die Ankunft an Steins Haus stellt eine Art Höhepunkt der Erzählung dar.
- Insgesamt wird die Handlungsstruktur jedoch nicht durch einen linearen Spannungsaufbau, sondern durch den Wechsel zwischen Nähe und Distanz der beiden Hauptfiguren bestimmt.
- Der offene Schluss deutet die fehlende Auseinandersetzung der Ich-Erzählerin mit Steins Brandstiftung an.

Wie für die Autorin Judith Hermann typisch, bezieht die von einer Ich-Erzählerin vermittelte Handlung der Erzählung „Sommerhaus, später" ihre Spannung nicht aus der Darstellung außergewöhnlicher oder besonders dramatischer Situationen, sondern aus ihrer Konzentration auf die Beziehungen der dargestellten Figuren. Diese erschließen sich dem Leser vor allem über oft banal anmutende Dialoge und nüchterne Beschreibungen. Dabei bedient sich die Autorin häufig der Reduktion auf Beobachtbares, sodass der Text vor allem durch die unausgesprochenen Gedanken und Gefühle der beiden Hauptfiguren eine atmosphärische Aufladung erfährt. Selbst gelegentlich eingestreute Passagen der Schilderung innerer Handlung enthalten dem Leser die eigentlichen

Konzentration auf Alltägliches

Unterschwellige Spannung durch Unausgesprochenes

Motive der Ich-Erzählerin vor. Vielmehr spiegeln sie deren Entfremdung von den eigenen Wünschen und Bedürfnissen und bieten gleichzeitg einen Einblick in die ausgeprägten Aufschiebe- und Verdrängungsmechanismen der Protagonistin.

Unvermittelter Einstieg

Chronologische Reihenfolge

Mit dem Satz „Stein fand das Haus im Winter" (139) beginnt die Erzählung in medias res, d. h. unmittelbar, ohne Einleitung. Die gesamte Handlung wird im Folgenden auf zwei Zeitebenen geschildert. Dabei umfasst die Erzählgegenwart in chronologischer Reihenfolge einen Zeitraum von wenigen Monaten, der mit Steins Hauskauf „in den ersten Dezembertagen" (ebd.) beginnt und der Zusendung des Zeitungsausschnitts über den Hausbrand im Mai endet. Unterbrochen wird dieser Erzählstrang zunächst von einer kurzen Rückblende, in der sich die Ich-Erzählerin anlässlich Steins Anruf an dessen Traum von einem Haus auf dem Land erinnert (vgl. ebd.). Eine weitere, längere Retrospektive (vgl. 140–144) befasst sich mit der Vorgeschichte Steins und der Ich-Erzählerin zum Zeitpunkt des Hauskaufs bereits zwei Jahre zurückliegenden, dreiwöchigen Liebesbeziehung der Ich-Erzählerin zu Stein und dessen Rolle in der Berliner Clique.

Auslöser für den Rückblick der Ich-Erzählerin ist die Fahrt in Steins Taxi, die sie an die gemeinsam verbrachte Zeit denken lässt. Diese Passage endet mit dem spöttisch anmutenden Kommentar „Und das war's" (144), der sich sowohl auf die zuvor beschriebene Szene beziehen lässt, in der Stein und die Ich-Erzählerin gemeinsam Wein trinken und schweigend rauchen (vgl. ebd.), als auch eine Art Resümee des gesamten Liebesverhältnisses darstellen könnte. Der Sprung zurück in die Erzählgegenwart Verbindung der beiden Zeitebenen geschieht mit der Wiederholung des Kommentars in direkter Rede als verknüpfendem Element: „Ich dachte: ‚Und das war's', als ich jetzt neben Stein im Taxi saß" (ebd.). Doch nicht nur durch die Verknüpfung der beiden Zeitebenen wird das traditionelle Muster eines linearen Spannungsaufbaus durchbrochen. Dazu trägt vor allem auch die überwiegend teilnahmslos wirkende Haltung der Ich-Erzählerin bei. Dennoch lässt sich die Ankunft in Ca- Ankunft bei Steins Haus als Höhepunkt nitz als eine Art Höhepunkt der Erzählung verstehen, bei dem Steins „Gerede von dem Haus" (139) wortwörtlich Gestalt annimmt:

„Er lenkte das Auto auf einen kleinen Querweg, bremste ab, nahm im selben Moment mit einer emphatischen Geste die Hände vom Lenkrad und sagte: ‚Das ist es.'" (148)

Unmittelbar darauf wird diese vielversprechende Ankündigung allerdings in ironisierender Form umgedeutet, denn die Ich-Erzählerin kommt gedanklich zu der vernichtenden Einschätzung „Das ist es noch fünf Minuten" (ebd.). Diese kurze Szene veranschaulicht exemplarisch, wie das Wechselspiel zwischen Hoffnung und enttäuschten Erwartungen, Illusion und Desillusionierung, Nähe und Distanz den Rhythmus der gesamten Erzählung bestimmt.

Steter Wechsel zwischen Hoffnung und Enttäuschung

Das gilt auch für die letzten Abschnitte der Erzählung, die die Monate nach der mit beiderseitiger Verstimmung endenden Hausbesichtigung in stark geraffter Form wiedergeben und die winterlichen Ausflüge der Clique sowie die Postkarten Steins in den Mittelpunkt rücken (vgl. 153–156). Letztere scheinen noch einmal die Chance auf eine positive Entwicklung der Beziehung des Taxi fahrers zu der Ich-Erzählerin zu eröffnen, bis schließlich mit dem Brand des Hauses in Canitz unwiderrufliche Tatsachen geschaffen werden.

Dies führt jedoch nicht zu einer Änderung der unentschieden-passiven Grundhaltung der Ich-Erzählerin, die sich im letzten Wort des Textes, „Später" (156), und bereits auch im Titel der Erzählung widerspiegelt. Mit der elliptischen Aussage vertagt sie die Beschäftigung mit dem Brand des Hauses und der ungeklärten Beziehung zu Stein auf unbestimmte Zeit, ohne sich einzugestehen, dass durch die unwiederbringliche Zerstörung des Gebäudes die von Stein eröffnete Möglichkeit einer dauerhaften Bindung zunichte geworden ist. Wie der offene Schluss nahelegt, nimmt die Ich-Erzählerin die Rolle einer Zuschauerin ein, die die ihr gebotene Chance ohne tiefergehende Reflexion der Konsequenzen ihres Verhaltens verstreichen lässt.

Offener Schluss trotz eindeutiger Sachlage

„Rote Korallen"

KURZINFO

Wiederholte Thematisierung des Erzählens
- Die Ich-Erzählerin in „Rote Korallen" erwähnt wiederholt ihre Unsicherheit hinsichtlich des Erzählten.
- Die dreimalige refrainähnliche Infragestellung ihrer Geschichte dient der Verknüpfung der verschiedenen Handlungsstränge der Erzählung.
- Gleichzeitig spiegelt die leitmotivische Frage die Unsicherheit der Autorin während des Schreibprozesses.

Als erster Erzählung innerhalb des Bandes *Sommerhaus, später* kommt dem Text „Rote Korallen" eine besondere Stellung zu, wird doch bereits im ersten Absatz der Vorgang des Erzählens beziehungsweise Schreibens thematisiert und die Unsicherheit der Ich-Erzählerin hinsichtlich des Erzählten zum Ausdruck gebracht: „Ist das die Geschichte, die ich erzählen will? Ich bin nicht sicher. Nicht wirklich sicher" (11). Diese Selbstreflexion im Hinblick auf den Stoff der Erzählung vermittelt nicht nur das Ringen der Ich-Erzählerin um Authentizität, sondern betont zugleich die Fiktionalität der erzählten Geschichte.

Unsicherheit der Ich-Erzählerin

Zur Strukturierung der Erzählung trägt die Thematisierung des Schreibprozesses durch deren Wiederholung an anderer Stelle bei. Ein zweites Mal taucht die bereits erwähnte Formulierung auf, nachdem die Ich-Erzählerin die Petersburger Episode abgeschlossen und ihren Geliebten mittels einer kurzen Beschreibung eingeführt hat: „Ist das die Geschichte, die ich erzählen will?" (19) Auch hier charakterisiert die Ich-Erzählerin sich selbst in ihrer Antwort „Ich weiß es nicht. Ich weiß es nicht wirklich" (ebd.) als unzuverlässig und fordert gleichzeitig den Leser dazu auf, das Gelesene infrage zu stellen.

Zweimalige Wiederholung der Zweifel der Ich-Erzählerin

Ein drittes Mal wird die Reflexion des Erzählten am Ende des Textes aufgegriffen, wenn die Ich-Erzählerin ihre Frage im Präteritum wiederholt und damit das bisher Geschriebene in Zweifel zieht: „War das die Geschichte, die ich erzählen wollte?" (29) Im Unterschied zu den beiden vorangehenden Textstellen ist diese Frage jedoch an ihren Geliebten gerichtet, der sie „nicht mehr hören" (ebd.) kann und deshalb die Antwort sowohl der Ich-Erzählerin als auch dem Leser schuldig bleiben muss.

Die autobiographischen Bezüge dieser leitmotivischen Betrachtung des eigenen Schreibens hebt Judith Hermann selbst hervor, wenn sie dessen selbstvergewissernden Charakter beschreibt und dabei betont, die Frage sei an sie selbst gerichtet gewesen (vgl. Prangel 2001; http:// literaturkritik.de/public/rezension.php?rez_id=5689). Zugleich handele es sich um „eine Art roter Faden, an dem entlang [sie] sich durch die für [sie] damals sehr komplizierte Geschichte gehangelt habe" (ebd.). Tatsächlich weist die Erzählung eine vergleichsweise komplexe Struktur auf, da sie letztlich aus drei Teilerzählungen besteht: Sie umfasst die „russische Geschichte der Großmutter, die Geschichte mit dem fischähnlichen Geliebten und die Geschichte vom Besuch beim Therapeuten" (ebd.). Zudem offenbart sich in dem dreimaligen Wechsel aus Strophe und Refrain Judith Hermanns „Affinität zur Musik" (ebd.), die nach ihrer eigenen Aussage „manchmal sogar über die Affinität zur Literatur hinausgeh[e]" (ebd.).

Selbstvergewisserung der Autorin

Verbindung dreier Teilerzählungen

Nähe zur Musik

KURZINFO

Die roten Korallen als Bindeglied der drei Teilerzählungen
- Das rote Korallenarmband der Ich-Erzählerin verbindet als zentrales Dingsymbol die drei Teilerzählungen des Textes.
- Der leitmotivische Einleitungssatz dient dabei als weiterer Refrain.
- Die wesentlichen Ereignisse der gesamten Erzählung werden zu Beginn vorweggenommen, ohne dass sich dem Leser bereits die jeweiligen Zusammenhänge erschließen.
- Alle drei Episoden sind einerseits durch die Passivität der weiblichen Figuren bestimmt, erfahren jedoch andererseits durch symbolische Handlungen der Urgroßmutter wie auch der Ich-Erzählerin ihre entscheidende Wende.
- Die Ich-Erzählerin durchlebt einen stufenartigen Entwicklungsprozess, in dessen Verlauf sie sich von belastenden Bindungen befreit.

Wichtigstes Mittel zur Herstellung gedanklicher Verknüpfungen ist das zentrale Dingsymbol der Erzählung (vgl. Pfäfflin 2007, S. 133), auf das der Titel „Rote Korallen" ver-

Die roten Korallen als zentrales Dingsymbol

weist. Auch die ersten drei Sätze der unvermittelt einsetzenden Erzählung nehmen auf dieses Schmuckstück Bezug:

> „Mein erster und einziger Besuch bei einem Therapeuten kostete mich das rote Korallenarmband und meinen Geliebten.
> Das rote Korallenarmband kam aus Rußland. Es kam, genauer gesagt, aus Petersburg, es war über hundert Jahre alt, meine Urgroßmutter hatte es ums linke Handgelenk getragen, meinen Urgroßvater hatte es ums Leben gebracht." (11)

Vermittlung des Handlungskerns zu Beginn der Erzählung

Die ersten beiden Absätze – durch eine Leerzeile vom übrigen Text getrennt – vermitteln kurz und bündig die gesamte Handlung; sie verweisen nicht nur auf die Herkunft des Korallenarmbands, sondern enthüllen auch dessen schicksalhaften Einfluss auf das Leben der Urgroßeltern und nehmen das Ende der Erzählung vorweg. Das mag möglicher Spannung auf den ersten Blick entgegenwirken. Doch die ungewöhnliche sprachliche Form des ersten Satzes, der eine unpassend erscheinende Beziehung zwischen zwei Satzgliedern herstellt und auf diese Weise einen zunächst unverständlich wirkenden Zusammenhang zwischen Therapeut, Korallenarmband und Geliebtem konstruiert, weckt das Interesse des Lesers. Die Bedeutung des Satzes erschließt sich aber erst gegen Ende der Erzählung.

Beiläufige Darstellung des Schicksals der Urgroßmutter

Der Fokus richtet sich im Folgenden zuerst auf die Binnenerzählung über das Leben der Urgroßmutter (vgl. 11–18). Diese wird trotz der Dramatik des Geschehens mit distanzierter Beiläufigkeit in stark geraffter Form vermittelt, sodass auch der für einen Höhepunkt der Geschichte bestens geeignete Duelltod des Urgroßvaters eher als randständige Begebenheit erscheint. Die Gefühlsreaktionen der Urgroßmutter auf dieses Ereignis bleiben vollständig ausgespart (vgl. 17), nur dessen Folge, die Abfahrt der Urgroßmutter in ihre Heimat, wird genauer geschildert (vgl. 18). Auch die Affären im Vorfeld des tragischen Endes ihrer Ehe werden in wenigen Sätzen lapidar zusammengefasst, wie folgendes Beispiel zeigt:

> „Mein Urgroßvater blieb sehr lange fort. Meine Urgroßmuter ließ sich also lange lieben […]." (14)

Falls man innerhalb der Petersburger Episode überhaupt von einem Höhe- oder Wendepunkt sprechen kann, ist dieser wohl am ehesten in der provokativen Demonstration des Korallenarmbandes (vgl. 16) zu sehen, löst diese doch eine schicksalhafte Ereigniskette aus. Auf erzählerischer Ebene wird die Bedeutsamkeit dieser Situation im Einsatz direkter Rede deutlich. Dabei handelt es sich um die einzige Stelle innerhalb dieses Teils der Erzählung, die einen Dialog zwischen zwei Figuren in szenischer Darbietungsform sozusagen in „Echtzeit", also zeitdeckend, vermittelt. Was sich nach der Rückkehr der Urgroßmutter aus Russland in deren Leben abgespielt hat, ist für die Ich-Erzählerin von untergeordneter Bedeutung und wird daher vollkommen ausgespart.

Der Anfang vom Ende der Ehe der Urgroßeltern

Die bereits erwähnte Analogie zu musikalischen Prinzipien zeigt sich nicht nur im Bereich des selbstbezüglichen Erzählens, sondern auch in der wortwörtlichen Wiederholung des Einleitungssatzes zu Beginn des zweiten Textteils, wo es erneut heißt: „Mein erster und einziger Besuch bei einem Therapeuten kostete mich das rote Korallenarmband und meinen Geliebten." (18) Dieser zweite „Refrain" der Erzählung unterstreicht die Funktion des Armbandes als Bindeglied zwischen der Geschichte der Urgroßmutter und derjenigen ihrer Urenkelin. Anschließend rückt deren Beziehung zu dem Urenkel Isaak Baruws in den Vordergrund (vgl. 18–25).

Wiederholung des Einleitungssatzes

Während die erzählte Zeit in der Petersburger Geschichte durch den Hinweis auf die Dauer der Abwesenheit des Urgroßvaters von „drei Jahren" (15) und das Datum der Geburt der Großmutter der Ich-Erzählerin „sieben Monate" (18) nach dem Tod des Urgroßvaters, am „20. Januar des Jahres 1905" (ebd.), klar umrissen ist, finden sich im restlichen Teil des Textes keine solch eindeutigen Festlegungen. Dennoch erweckt die lähmend-bedrückende Atmosphäre, die sowohl in Passagen der Beschreibung des Geliebten und des Schauplatzes als auch in reflektierenden Einschüben der Ich-Erzählerin zum Ausdruck kommt, den Eindruck zeitlich unbegrenzter Passivität und Ereignislosigkeit. Mit ihrer Einschätzung „[…] so gingen Jahre, schien es, ich trieb so fort" (22) bringt die Ich-Erzählerin dies auf den Punkt.

Zeitliche Einordnung des Geschehens

Markierung einer
Wende in der
Beziehung zum
Geliebten

Einen klaren Einschnitt bildet daher der offene Konflikt zwischen der Ich-Erzählerin und ihrem Geliebten in Form eines verhältnismäßig langen Dialogs (vgl. 24). Dieser ist nicht nur durch einen ungewöhnlichen Wortreichtum des Urenkels von Isaak Baruw gekennzeichnet, sondern leitet durch die Entscheidung der Ich-Erzählerin, den Therapeuten gegen den Willen ihres Geliebten aufzusuchen, eine weitere Wende in der Erzählung ein.

Unmittelbar darauf bahnt sich die Schilderung der tatsächlichen Begegnung zwischen dem Therapeuten und der Erzählerin (vgl. 25–28) mit einer Variation des Einleitungssatzes an: „Der Therapeut, wegen dem ich das rote Korallenarmband und meinen Geliebten verlor, saß in einem großen Zimmer hinter seinem Schreibtisch." (25)

Erneuter Rückgriff auf den Einleitungssatz

Ausdrücklich weist die Ich-Erzählerin also dem Therapeuten die Verantwortung für die folgenden Ereignisse zu und deutet zugleich dessen Unnahbarkeit an, die sich in den räumlichen Verhältnissen spiegelt und als entscheidender Auslöser der Gefühleskalation der Ich-Erzählerin wirkt.

Zeitdehnung
zur Spannungserzeugung

Auffällig ist die Häufigkeit zeitdehnender Passagen in diesem Teil der Erzählung, die die Sinneseindrücke, Gefühle und Gedanken der Ich-Erzählerin, das eigentlich spannungserzeugende Moment, thematisieren. Besonders deutlich wird dies in folgendem Abschnitt, der den ersten Höhepunkt des Therapeutenbesuchs, das Zerreißen des Korallenarmbands, schildert:

> „Ich atmete ein, ich hob die Hände und ließ sie wieder sinken, ich wollte sagen, ich interessiere mich nicht für mich selbst, ich dachte, das ist eine Lüge, ich interesse mich ausschließlich für mich selbst, und ist es das? daß da nämlich gar nichts ist? nur die Müdigkeit und die leeren stillen Tage, ein Leben wie das der Fische unter Wasser und ein Lachen ohne Grund? Ich wollte sagen, ich habe zu viele Geschichten in mir, die machen mir das Leben schwer, ich dachte, da hätte ich ja auch bei meinem Geliebten bleiben können, ich atmete ein, und der Therapeut riß Mund und Augen auf, und ich zog am Seidenfaden des roten Korallenarmbandes und der Seidenfaden riß und die sechshundertfünfundsiebzig wutroten kleinen Korallen platzten in einer funkelnden Pracht von meinem dünnen und mageren Handgelenk." (26)

Ein zweiter Höhepunkt ist im Angriff der Ich-Erzählerin auf den Therapeuten zu sehen, der als Beleg ihrer geglückten Emanzipation verstanden werden kann: „Ich hob die rechte Hand und schleuderte die roten Korallen auf den Therapeuten." (28) Angefangen mit der Durchführung ihres lange zuvor imaginierten Besuchs beim Therapeuten gegen den Widerstand des Geliebten vollzieht sich über die Loslösung des Armbandes also ein stufenweise aufgebauter Prozess der Befreiung, der schließlich in einem Ausbruch physischer Gewalt gipfelt.

Stufen eines Entwicklungs-prozesses

Ihren Abschluss findet die Erzählung durch den unvermittelten Umschwung in eine unwirklich-traumhafte Szenerie, der Überschwemmung der Praxis durch das „Wasser der Weltmeere" (28), in dem der Therapeut versinkt. Trotz räumlicher Distanz scheint auch den Geliebten der Ich-Erzählerin gleichzeitig ein ähnliches Schicksal ereilt zu haben, womit die Handlungsstränge der zweiten und dritten Teilerzählung am Ende zusammengeführt werden. Versteht man den Tod des Geliebten als einen Hinweis der Ich-Erzählerin auf eine Trennung, so erhellt sich nun die tiefere Bedeutung des befremdlichen ersten Satzes der Erzählung. Der gegen Ende des Textes sinnfälligen Erweiterung der Wirklichkeitswahrnehmung gehen andere Stellen, wie etwa die Erscheinung der Urgroßmutter (vgl. 22 f.), voraus, die entscheidend zu der unwirklichen, traumhaften Atmosphäre in „Rote Korallen" beitragen.

Auflösung der Bedeutung des Einleitungs-satzes

„Hurrikan (Something farewell)"

KURZINFO

Ergebnisloses Warten auf ausbleibende Ereignisse
- Die in der Erzählung angelegten Möglichkeiten einschneidender Veränderungen bleiben ein Gedankenkonstrukt.
- Spannung entsteht daher vor allem durch die vermeintliche Bedrohungssituation sowie die Figurenkonstellation.
- Selbst die im Mittelpunkt der Erzählung stehende Beziehung zwischen Cat und Christine erfährt jedoch keine nennenswerte Entwicklung und kommt über einen Kuss am letzten Abend des Inselaufenthalts Christines nicht hinaus.
- Durch die wiederholte Darstellung dieser Situation fungiert der Kuss als eine Art erzählerische Klammer, die auch durch den Wechsel des Erzähltempus eine Sonderstellung innerhalb des Textes einnimmt.

Schauplatz Jamaika

Der erste Absatz der Erzählung thematisiert das Spiel „Sich-so-ein-Leben-vorstellen" (31), dessen Erklärung sich vor allem auf das dazu nötige tropische Ambiente bezieht. Diese Spielanleitung liefert erste Indizien hinsichtlich des Schauplatzes, einer „Insel" (ebd.), die sich durch die später angeführten Ortsnamen „Stony und Snow Hill" (ebd.) sowie den Hinweis auf die „Blue Mountains" (32) und die Anspielung im Titel auf einen Harry-Belafonte-Song unschwer als Jamaika bestimmen lässt. Zugleich wird der eigentlichen Handlung mittels der wiederholten Aufforderung „Stell dir vor" (31) eine Art prägnantes Motto vorangestellt, das den Blick auf die Imagination der Figuren lenkt. Die gedankliche Beschäftigung mit alternativen Lebensmodellen geht in dieser Erzählung jedoch nicht mit tatsächlichen Umbrüchen und Wendungen einher. Trotz des unheilvollen Titels „Hurrikan" bleibt auch die angekündigte Naturkatastrophe aus. Seine Spannung bezieht der Text daher nicht aus tatsächlichen äußeren Ereignisse, sondern aus seiner atmosphärischen Aufladung.

Ausbleiben lebensverändernder Ereignisse

Vermeintliche Bedrohungslage

Dazu trägt die Schilderung der Bedrohungslage durch den Hurrikan (vgl. 31 f.) bei, die der Spielbeschreibung folgt und im Laufe der Erzählung an Dringlichkeit gewinnt, wie die sich steigernde Frequenz der Warnmeldungen im Radio belegt. Diese werden zunächst „vier Mal am Tag" (31) gesendet, später jedoch auf „zwölf am Tag"

(41; vgl. auch 50) erhöht. Wie bereits erwähnt, spitzt sich die beunruhigende Wetterlage allerdings nicht zu dem erwarteten Wirbelsturm zu, sondern weicht am Ende freundlichem Sonnenschein, wie Christine, die eigentliche Hauptfigur, aus einem Brief ihrer Freundin Nora erfährt (vgl. 54).

Ein zweites spannungstragendes Element besteht in der Beziehung zwischen Christine und dem Einheimischen Cat. Auf eine solche Beziehung schließt der Leser zunächst durch einen Brief ihrer auf Jamaika verbliebenen Freundin Nora, den Christine nach ihrer Reise zu Hause „am Küchentisch" (32) liest. In dem Schreiben geht es um die Gewalt zwischen Cat und seiner Frau Lovy, die ohne die Angabe weiterer Hintergrundinformationen beschrieben wird: „Cat schlägt Lovy, und Lovy schlägt Cat, liebe Christine, du bist nicht wirklich schuld." (Ebd.) Die Unterbrechung der Handlungschronologie in Form einer Vorausdeutung auf die Situation nach Christines Reise ermöglicht dem Leser an dieser Stelle die Bildung erster Hypothesen zur Figurenkonstellation. Das betrifft auch die Beziehung Noras zu ihrem Gastgeber Kaspar, dessen Zuwendung sie als einengend empfindet und ins Lächerliche zieht: „Kaspar redet zu viel, I like you, I like you, schnitzt Holzvögel und soll mich nur ein Mal alleine lassen [...]." (Ebd.)

Vorausdeutung auf die Zeit nach Christines Reise

Die Vermutungen zur Beziehung von Christine und Cat bestätigen sich bereits im nächsten Abschnitt (vgl. 32 f.), der in einem erneuten Zeitsprung die Bedeutung des letzten Abends Christines auf Jamaika beleuchtet: „Kaspar weiß, daß Christine Cat geküßt hat, an ihrem letzten Abend auf der Insel." (32) Auch dass es über den Kuss hinaus zu keiner weitergehenden körperlichen Annäherung der beiden gekommen ist, lässt sich aus diesem längeren, mehrere Absätze umfassenden Einschub schließen. So wird das wichtigste Ereignis in der Affäre Christines mit Cat zu einem relativ frühen Zeitpunkt der Erzählung vorweggenommen.

Vorwegnahme des Kusses zwischen Cat und Christine

Daran knüpft sich die Darstellung des Aufenthalts der beiden Freundinnen Nora und Christine bei Noras ehemaligem Freund Kaspar in weitgehend chronologischer

Reihenfolge an. Darin werden die Geschehnisse in geraffter Form wiedergegeben, um sich wiederholende Abläufe zu kennzeichnen: „Aber Nora und Christine zum ersten Mal auf der Insel. Kaspar versäumt nicht, das jeden Tag zu sagen" (34). Weitere Beispiele wären etwa: „Cat kommt nach Noras und Christines Ankunft fast jeden Tag zu Kaspar" (35) oder „Nora und Christine fahren täglich mit dem Jeep hinunter an den Hafen und dann an irgendeinen Strand" (36). Rasch spielen sich also während des Jamaika-Urlaubs der beiden jungen Frauen feste Routinen ein, deren wiederholte Erwähnung den Eindruck ereignisloser Gleichförmigkeit verfestigt, der die Schilderungen der alltäglichen, wenig spektakulären Situationen begleitet.

Sowohl vage als auch präzise Zeitangaben

Während die Länge von Christines Aufenthalt nur grob geschätzt werden kann und wohl einige Wochen umfasst, wird die Dauer von Cats Zurückhaltung gegenüber Christine auf genau „siebzehn Tage" (42) eingegrenzt. Am „achtzehnten Tag" (ebd.) folgt der aktive Versuch, sich Christine anzunähern. Trotz der Bedeutung, die Cats Verhalten durch die exakten zeitlichen Angaben zugeschrieben wird, kommt es im Folgenden zu keiner nennenswerten Weiterentwicklung der Beziehung, zumal kurze Zeit später seine Frau zu ihm zurückkehrt und die Situation durch diese Wende zunächst entschärft wird.

Der Kuss als erzählerische Klammer

Gegen Ende der Erzählung wird schließlich Christines letzter Abend noch einmal aufgegriffen (vgl. 51–54). Die Worte „Natürlich hat Christine Cat geküsst, an diesem letzten Abend" (51) betonen dabei die Unausweichlichkeit ihres Tuns. Durch die wiederholte Schilderung der Ereignisse vor Christines Rückflug erscheint der Kuss als erzählerische Klammer, der Anfang und Ende des Textes miteinander verknüpft. Auffällig ist zudem die Verwendung des Präteritums als Erzähltempus in den Abschnitten, die sich mit dem Ablauf des letzten Abends befassen. Der Tempuswechsel scheint eine größere zeitliche Distanz zum Geschehen zu vermitteln, so als ob Christine sich nach ihrer Rückkehr an den Abend erinnert. Dennoch ist damit keine größere gedankliche Distanz – etwa im Sinne einer wertenden Einordnung des Geschehens – verbunden.

Trotz des verhältnismäßig breiten Raums, den der Kuss innerhalb des Textes einnimmt, hat dieser jedoch offenbar keine weiterreichenden Konsequenzen. Zwar lässt der letzte Satz von Noras Brief beziehungsweise der gesamten Erzählung *„Cat vermißt dich und sagt, du kämst bald wieder, ich sage – ja"* (54) Spekulationen hinsichtlich einer möglichen Fortsetzung des Urlaubsflirts zu, doch stellt der Text ja gerade die verpassten beziehungsweise nicht genutzten oder nur in Gedanken realisierten Lebenschancen thematisch in den Vordergrund.

Verpasste Lebenschancen

Figurenkonstellationen

„Sommerhaus später"

KURZINFO

Stein und die Ich-Erzählerin

- Die Kommunikation zwischen Stein und der Ich-Erzählerin ist durch mangelnde Bereitschaft zur Selbstaussprache sowie beiderseitige Ausweichstrategien stark beeinträchtigt.
- Verständigung scheint allenfalls in wortloser Form, etwa durch gemeinsames Rauchen möglich.
- Die widersprüchlich agierende Ich-Erzählerin scheint sich ihrer Gefühle gegenüber Stein nicht bewusst zu sein.
- Während sie bis zum Ende der Erzählung in ihrer indifferenten, abwartenden Haltung verharrt, trifft Stein eine Entscheidung und beendet damit die Beziehung endgültig.

Unfähigkeit zur Selbstaussprache

Kennzeichnend für die Beziehung zwischen Stein und der Ich-Erzählerin ist das beiderseitige Unvermögen, den eigenen Emotionen und Befindlichkeiten sprachlich Ausdruck zu verleihen. Dies offenbart bereits das Telefonat zu Beginn der Erzählung, das durch wiederholtes Schweigen (vgl. 139) geprägt ist. In der gesamten Erzählung finden sich nur wenige Dialoge; die Äußerungen sowohl der Ich-Erzählerin als auch Steins bestehen häufig aus äußerst knappen, oft unvollständigen Sätzen, beschränken sich sogar teilweise auf einzelne Wörter, wie die Beispiele „„Willst du Wein?', fragte er, ich sagte ,Ja'" (144) und „„Was?', ich sagte: ,Nichts'" (150) veranschaulichen. Die eigenen Ansichten und Gedanken scheinen beide durch die Beschäftigung mit Banalitäten zu verbergen suchen.

Ausweichende Gesprächsstrategien

Gepaart ist diese mangelnde Bereitschaft zur Selbstaussprache mit dem gezielten Einsatz ausweichender Gesprächsstrategien, etwa in Form eines Themenwechsels, sodass die Figuren wiederholt aneinander vorbeireden. Dies lässt sich ebenfalls während des erwähnten Telefonats beobachten: „[...] er sagte: ,Wie geht's denn', ich sagte: ,Warum rufst du an' [...]" (139). An anderer Stelle tritt ein solches Verhalten auch in Kombination mit non-verbal übermittelten Botschaften auf, wie etwa während der Fahrt nach Canitz: „Ich sagte: ‚Es ist schön, daß wir da zusammen hinfahren, Stein', und er weigerte sich, mich anzusehen, und sagte: ‚Jedenfalls kann man von der Veranda aus die Sonne hinterm Kirchturm untergehen sehen. Und wir sind gleich da.'" (147) Selbst im Moment der größten Selbstoffenbarung Steins scheitert die Kommunikation an dessen vermeintlicher Emotionslosigkeit, die die Ich-Erzählerin zum Anlass nimmt, seine subtile Liebeserklärung zu ignorieren und sich ihrerseits in eine vorwurfsvolle Fragekette zu flüchten:

> „Stein schnickte seine Zigarette in den Schnee, sah mich an, sagte: ‚Was soll ich dir denn sagen. Das hier ist eine Möglichkeit, eine von vielen. Du kannst sie wahrnehmen, oder du kannst es bleiben lassen. Ich kann sie wahrnehmen, oder abbrechen und woanders hingehen. Wir können sie zusammen wahrnehmen oder so tun, als hätten wir uns nie gekannt. Spielt keine Rolle. Ich wollt's dir nur zeigen, das ist alles.'
> Ich sagte: ‚Du hast 80000 Mark bezahlt, um mir eine Möglichkeit zu zeigen, eine von vielen? Hab ich das richtig verstanden? Stein? Was soll das?'" (152)

Als eine Art Kommunikationsersatz dient das Rauchen, wie die Ich-Erzählerin selbst konstatiert: „Ich zündetete mir mechanisch eine Zigarette an, wie immer, wenn Stein irgendwie auftrat und mir also wenig einfiel." (139) Während einer Taxifahrt mit Stein verbringen beide „wohl eine Stunde" (141) rauchend und Musik hörend, bis das erste Wort fällt. Positiv besetzt ist in der Erinnerung der Erzählerin eine Situation, bei der sie sich im Zuge einer Gartenfeier alleine mit Stein wiederfindet und deren Wiederholung sie sich später auf der Veranda des Hauses in Canitz widerstrebend wünscht, wenngleich die betreffende Situation auf den Betrachter eher unspektakulär wirken mag: „[…] wir tranken, rauchten schweigend, er lächelte jedesmal, wenn wir uns ansahen." (144)

Rauchen als Kommunikationsersatz

Die Gefühle und Verhaltensweisen der Ich-Erzählerin gegenüber Stein sind durchaus widersprüchlicher Natur. So betont sie immer wieder Steins Bedeutungslosigkeit sowie ihre eigene Gleichgültigkeit, behauptet, ihn zu vergessen, wenn sie ihn nicht sehe (vgl. 139), und sich nicht daran erinnern zu können, „wie das, wie also Sex

Widerstreit der Gefühle gegenüber Stein

mit Stein gewesen war" (143). Allerdings scheint sie selbst nicht in der Lage zu sein, ihre Emotionen einzuordnen oder die Ursachen ihrer Handlungsweisen zu ergründen. Das zeigt sich bereits daran, dass sie ungeachtet ihrer inneren Abwehrhaltung in Steins Taxi steigt (vgl. 140) und später vergeblich ihre eigenen Motive hinterfragt, die sie zur Mitfahrt bewegt haben (vgl. 144). Ihre Ambivalenz spiegelt sich ebenso in der Wahrnehmung körperlichen Kontakts mit Stein während ihrer gemeinsamen Hausbesichtigung. So empfindet sie seine Hand zunächst als eiskalt (vgl. 149), ergreift diese aber dennoch aus dem Wunsch heraus, „seine Berührung nicht wieder [zu] verlieren" (ebd.). Als Stein kurz darauf seine Hand an ihr Gesicht legt, zuckt sie zurück (vgl. 151), beschreibt die Hand kurz darauf jedoch als „warm und weich" (ebd.).

Dass die Ich-Erzählerin auch nach ihrem gescheiterten Ausflug mit Stein Gefühle für ihn hegt, wird durch ihr Unvermögen, ihm beim Küssen einer anderen jungen Frau der Clique zuzusehen (vgl. 153), deutlich. Auch blickt sie dem fast täglichen Eintreffen der Karten Steins aus Canitz erwartungsvoll entgegen, wertschätzt deren rätselhaft anmutende Botschaften und drückt ihre Enttäuschung im Falle von Schreibpausen Steins aus (vgl. 155). Doch trotz seiner Beharrlichkeit und wiederholt indirekt ausgesprochenen Einladung wird sie nicht aktiv, sondern beschließt, „auf das ‚Komm' zu warten, und dann loszufahren" (ebd.).

Fortdauernde Passivität der Ich-Erzählerin

Ungläubigkeit und ein kurzer Moment der inneren Lähmung bestimmen ihre Reaktion auf die Nachricht vom Hausbrand. So liest sie den betreffenden Zeitungsartikel „drei Mal" (156) und verbringt zunächst „zehn Minuten [...] stumpfsinnig vor dem Herd" (ebd.), bevor sie Steins Brief in die Schreibtischschublade zu den Karten und dem Schlüsselbund legt. Die Ich-Erzählerin scheint ihre nur an äußeren Handlungen abzulesende innere Betroffenheit umgehend zu betäuben und zu ihrer indifferenten Haltung sich selbst und der Umwelt gegenüber zurückzukehren. Judith Hermann klassifiziert die Ich-Erzähler denn auch als eine der Figuren, die „dem Vergehen der Zeit gegenüber sehr unempfindlich" (Prangel 2001 seien und sich so verhielten, „als hätten sie alle

Fehlende Einsicht in die Endlichkeit des Daseins

Zeit der Welt" (ebd.). Die Endgültigkeit der Entscheidung Steins scheint die Ich-Erzählerin nicht wahrzunehmen. Stein selbst erklärt die Autorin hingegen zu einer ihrer Lieblingsfiguren, ja sogar zu einem Helden, da er als Einziger eine bewusste Entscheidung treffe, was mit einem großen Maß an Freiheit verbunden sei (vgl. ebd.).

Freiheit der Entscheidung Steins

KURZINFO

Stein und die Berliner Künstlerclique

- Stein, der wohnsitzlose Taxifahrer, lebt in wechselnden Beziehungen zu den Mitgliedern der Berliner Künstlerclique der Ich-Erzählerin.
- Trotz seiner Unterstützung ihrer künstlerischen Aktivitäten und des Teilens ihres unkonventionellen Lebensstils bleibt er durch seine fehlende Kenntnis des Kulturbetriebs und mangelnde Authentizität ein Außenseiter in der Gruppe.
- Aufgestaute Aggressionen gegenüber der Clique kommen während der Hausbesichtigung in Canitz zutage.
- Seinen Kauf und den Grund für sein Verschwinden hält er gegenüber der Künstlerclique geheim.

Stein, der seinen Besitz in „Plastiktüten" (141) mit sich führt, verfügt zu dem Zeitpunkt, als die Ich-Erzählerin ihn kennenlernt, durch seine Taxifahrten zwar über ein Einkommen, jedoch nicht über einen festen Wohnsitz. Offen bleibt, ob er sich zu dieser Lebensweise bewusst entschieden hat (vgl. ebd.). Unterschlupf findet der ruhelose Großstadtnomade nach der dreiwöchigen Affäre mit der Ich-Erzählerin bei wechselnden Partnern beiderlei Geschlechts, Mitgliedern der Künstlerclique seiner ehemaligen Freundin, mit denen er kurzlebige, unverbindliche Beziehungen unterhält. Sein Äußeres wird als „ziemlich schön" (142) beschrieben, trotz seines unsteten Lebenswandels ist er gepflegt, „sauber, gut angezogen, nie verwahrlost" (141).

Stein als Großstadtnomade

Die künstlerischen Aktivitäten der Clique begleitet und unterstützt er und teilt auch deren Exzesse:

Teilnahme Steins am Künstlerleben

> „Er saß Modell in Falks Atelier, legte Kabel auf Annas Konzerten, hörte Heinzes Lesungen im Roten Salon. Er applaudierte im Theater, wenn wir applaudierten, trank, wenn wir tranken, nahm Drogen, wenn wir sie nahmen. [...] Und ab und an nahm ihn einer von uns mit ins Bett, und ab und an sah einer zu." (142)

35

Schon die Bezeichnung des Protagonisten als „Stein", die wohl auf dessen Nachnamen verweist, bildet jedoch einen Kontrast zu den fast ausschließlich über ihre Vornamen eingeführten Künstlerfreunden, denen er als eine Art Faktotum zur Verfügung zu stehen scheint. So übernimmt er Renovierungsarbeiten in den „schäbigen, schiefen, kleinen Landhäuschen, die sie bald alle hatten" (ebd.), während sich die anderen im Garten an Alkohol und Drogen berauschen. Dass zwischen Stein und dem Rest der Clique eine unüberbrückbare Kluft bestehen bleibt, zeigt sich außerdem an seiner Unfähigkeit, an deren intellektuellem Austausch über Theaterregisseure wie „Castorf und Heiner Müller" (143) teilzuhaben, denn „[z]u sagen hatte er nichts" (ebd.).

Tiefe Kluft zwischen Stein und der Clique

Die Vermutung liegt nahe, dass ihm schlicht die Kenntnisse fehlen, um solche Unterhaltungen über den Kulturbetrieb zu führen, denen neben dem gemeinsamen Genuss von Musik und Literatur (vgl. 153) wie auch dem Drogenkonsum eine identitätsstiftende Funktion innerhalb der Clique zukommt. Zwar versucht Stein sich offenbar nicht nur in der Imitation des ausschweifenden Lebensstils der anderen, sondern auch in der Nachahmung ihrer morbid-melancholischen Lebeneinstellung, doch gelingt es ihm nicht, deren „spitzfindigen, neurasthenischen, abgefuckten Blick" (143) aufzusetzen, wie die Ich-Erzählerin selbstironisch konstatiert. Über die Anspielung auf die Nervenschwäche, einer Modekrankheit der Wende vom 19. zum 20. Jahrhundert, inszeniert die Ich-Erzählerin sich und ihre Freunde als dekadente „Bohemefiguren" (Sander 2015, S. 87). Dass Stein das Gebaren seiner Künstlerfreunde trotz seiner fruchtlosen Anstrengungen als unecht empfindet, zeigt die Beobachtung, er sehe diese meist „an, als ob [sie] auf einer Bühne agierten" (143).

Fehlende Insiderkenntnisse und mangelnde Authentizität

Ungeachtet des oberflächlichen Charakters seiner Zugehörigkeit zum Freundeskreis der Ich-Erzählerin weist Stein während der Besichtigung des Hauses in Canitz in Gedanken auch der Künstler-Clique einen Platz dort zu und kritisiert damit zugleich deren exzessiven Drogenkonsum:

Steins Pläne hinsichtlich des Ausbaus seines Hauses

36

„[…] ihr könnt euer gottverdammtes Gras hier anbauen und Pilze und Hanf und Scheiße. Platz genug, verstehst du? Platz genug! Ich mach euch hier 'nen Salon und 'n Billardzimmer und 'n Raucherzimmer, und jedem seinen eigenen Raum und großer Tisch hinterm Haus für Scheißessen und Dreck, und dann kannste aufstehen und zur Oder laufen und dir da Koks einfahren, bis dir der Schädel platzt."' (150)

Steins zynisch-aggressive Haltung schließt das Verhalten der Ich-Erzählerin mit ein, der er hier mit ungewohnter Schärfe begegnet. Das lässt sich als Indiz für die Intensität seiner durch den Kauf ausgelösten Emotionen sowie eine seit längerer Zeit aufgestaute Abneigung gegen die Lebensweise der Berliner Clique werten. Seinen Hauskauf hält er dementsprechend vor den anderen geheim und informiert sie auch nicht über den Grund seines plötzlichen Verschwindens (vgl. 153 f.).

Steins Aggressionen gegenüber der Clique

KURZINFO

Großstädter und Landbewohner

- Während ihrer Aufenthalte auf dem Land stellt die Berliner Clique ihren unkonventionellen Lebensstil in arroganter Weise zur Schau.
- Das Verhältnis zu den Einheimischen ist von gegenseitiger Abneigung und dem Bedürfnis nach Abgrenzung geprägt.
- Dennoch stellen die Dörfer einen Sehnsuchtsort der Großstadtclique dar.
- Die Vormieterin des Hauses in Canitz und ihr kränklich wirkendes Kind lösen ein Gefühl der Abscheu in der überheblich wirkenden Ich-Erzählerin aus.
- Für erneute Irritation sorgt das Kind, als die Ich-Erzählerin es am Gartentor des Hauses in Canitz wahrzunehmen glaubt.
- Ob es dort nur in der Vorstellung der Ich-Erzählerin vorhanden ist, bleibt offen.
- Laut Stein taucht es jedoch auch später immer wieder vor seinem Haus auf.

Überheblichkeit und Arroganz bestimmen die Haltung der Künstlerclique gegenüber der als „Arbeiter […], Kleinbauern, Hobbygärtner" (143) kategorisierten Landbevölkerung außerhalb Berlins, in deren „Gärten und Häusern" (ebd.) sie den Sommer verbringen, obgleich das Verhältnis zu den Einheimischen von beiderseitigem Hass geprägt ist (vgl. ebd.). Indem die Berliner ihre unkonventionelle Lebensführung und ihre Verachtung für das spießbürgerliche Ambiente, „die Blumenrabatten ihrer Vorgärten" (143), respektlos zur Schau stellen, entstellen sie „die Dörfer, Felder und noch den Himmel"

Arroganz der Großstädter gegenüber der Dorfbevölkerung

(ebd.) und stören somit die Ordnung der in sich geschlossenen, ländlichen Welt (vgl. ebd.). Die Einheimischen reagieren auf derartige Verhaltensweisen mit der Parole „Berliner raus!" (142). Trotz dieser Differenzen verspüren die Großstädter ein starkes Bedürfnis nach dem Aufenthalt auf dem Land (vgl. 143). Bezeichnend ist jedoch, dass auch hier das grundlegende Lebensgefühl der Figuren kaum Veränderungen erfährt:

> „Daß es auf dem flachen Land, rund um die Hauptstadt, etwas anders ist, steht nie im Mittelpunkt. Es gehört nur zu einem bestimmten Gefühl des Unwohlseins, gehört zum Leerlauf, bebildert ein bißchen die Einsamkeit – wobei kein Wort für dieses Gefühl zur Verfügung steht." (Böttiger 2004, S. 288)

Irritation durch die Vormieter des Hauses in Canitz

Eine unerfindliche Abneigung verspürt die Ich-Erzählerin gegen die Vormieter von Steins Haus, „Frau Andersson" (146) und ihr verschreckt wirkendes, weinendes Kind. Die wenigen Informationen, die der Leser über „die Frau im Küchenkittel" (ebd.) erhält, deuten auf ein mürrisches und abweisendes Auftreten. So ergreift sie Steins entgegengestreckte Hand nicht, sondern lässt „ein riesiges Schlüsselbund hineinfallen" (ebd.), meidet folglich den direkten Körperkontakt mit Stein. Auch ihre wortkarge Botschaft „Wasser gibt's nicht bei Frost" (ebd.) lässt nicht die Spur von Entgegenkommen erkennen. Zudem lässt die ungesunde Hautfarbe ihres „blasse[n], kümmerliche[n] Kind[s]" (ebd.) fehlende mütterliche Fürsorge vermuten. Der „joviale[n] Herzlichkeit" (ebd.) Steins und seinem Verständnis für die schwierige Lage der Vormieter steht die Ich-Erzählerin „verständnislos" (147) gegenüber und stuft die Frau und ihr Kind abschätzig als „ekelhaft" (ebd.) ein, ohne die Gründe ihres harschen Urteils genauer zu erforschen. Stark verallgemeinernd spricht die Ich-Erzählerin in diesem Zusammenhang von „Leuten dieses Schlags" (146), wodurch ihr Mangel an Einfühlungsvermögen und ihre Überheblichkeit zum Ausdruck kommen.

Das rätselhafte Kind der Vormieterin

Aufgrund ihrer starken Aversionen bereitet ihr die vor Steins Haus auftauchende „Gestalt", die sie für „das blasse, blöde Kind" (152) hält und von der sie sich beobachtet fühlt, größtes Unbehagen, zumal Stein ihrer Wahrnehmung keine Beachtung schenkt und – wohl aus

Enttäuschung über die unzufriedenstellend verlaufene Konversation hinsichtlich seiner Motive für den Kauf des Anwesens – zur Rückfahrt drängt. Ob das Kind bei dieser Gelegenheit tatsächlich erscheint oder es sich lediglich um eine Einbildung der Ich-Erzählerin handelt, bleibt offen. Ein letztes Mal ist von dem Kind auf einer der Postkarten Steins die Rede, wenn er von dessen ständiger wortloser Anwesenheit berichtet (vgl. 155). Keine Festlegung nimmt der Text hinsichtlich der erzählerischen Funktion dieser Figur vor. Denkbar wäre etwa, dass das Kind als Projektionsfläche unbewusster Ängste der Ich-Erzählerin zu verstehen ist, die Begegnung mit ihm als negatives Vorzeichen fungiert oder es sich als eine Art Wache vor dem Haus in Canitz, seiner ehemaligen Heimat, postiert hat.

„Rote Korallen"

KURZINFO

Urgroßmutter und Urgroßvater
- Die einsame Urgroßmutter sucht den Rückzug in die Innenwelt, statt sich mit ihrer Situation in Sankt Petersburg auseinanderzusetzen.
- Ihre Einsamkeit ist nicht nur durch die räumliche Distanz ihres Ehemanns, sondern auch dessen emotionslose Briefe bedingt.
- Sie lässt sich auf Liebesaffären ein, durch die sie ihre ungestillte Sehnsucht kompensieren kann.
- Ihre müde, matte und passive Haltung durchbricht sie in Form einer nonverbalen Protesthandlung gegenüber ihrem Ehemann, die schließlich ihre Rückkehr nach Deutschland ermöglicht.

Die Ehe der Urgroßmutter wird durch den für sie unerträglichen, mehrjährigen Aufenthalt in Russland, der mit der dauerhaften Abwesenheit ihres Ehemannes einhergeht, zu einem Gefängnis. Nach dem Umzug begibt sich der Urgroßvater, ein Ofenbauer, auf eine lange Dienstreise und überlässt seine junge, attraktive Frau (vgl. 12) in einer großen Wohnung „auf der Petersburger Insel Wassilij Ostrow" (11) sich selbst. Auf die ihr fremde Umgebung reagiert die einsame Frau, indem sie sich völlig von der Umwelt abschirmt, weder Tageslicht noch Geräusche hereinlässt und auf diese Weise eine unwirkliche Atmosphäre in ihrer Wohnung schafft, in der sie sich ganz ihrem Heimweh hingibt (vgl. 12). Statt sich

Rückzug der Urgroßmutter nach innen

den veränderten Tatsachen zu stellen, tritt sie also den Rückzug in ihre innere Welt an.

Als problematisch erweist sich jedoch nicht nur die räumliche Distanz zwischen den Eheleuten. Auch durch die schriftliche Kommunikation wird das emotionale Defizit der Urgroßmutter intensiviert, da die banalen, ermüdenden Briefe ihres Mannes sich einzig um den Ofenbau drehen, offenbar aber niemals ein Interesse an der Situation seiner Frau erkennen lassen (vgl. 16). Dies

Bedürfnis nach Gefühlsbekundungen

wiegt umso schwerer, als sie ein starkes Bedürfnis nach klangvollen Worten, nach gefühlvoller Sprache verspürt. So löst die Bezeichung „Blomesche Wildnis" (13) durch ihren beruhigenden, rhythmischen Klang eine ganze Kette tröstlicher Erinnerungen an ihre Heimat aus, „an die Weiden und an das flache Land, an die Heuballen auf den Feldern und den Geschmack von süßem, kaltem Apfelmost im Sommer" (ebd.). Auch die Schmeicheleien ihrer Liebhaber, aus deren „fremde[r], weiche[r] Sprache" (14) sie mit der Zeit einzelne Worte heraushört, bilden einen Gegenpol zu den leidenschaftslosen Briefen ihres Mannes über „die Schmelzöfen, die Devilleschen Öfen, die Röhrenöfen" (ebd.).

Müdigkeit und Antriebslosigkeit als Merkmale der Urgroßmutter

Dass es überhaupt zu diesen Affären kommt, liegt nicht zuletzt an der Antriebslosigkeit der als „müde" (14), „verträumt" (13) und „matt" (17) charakterisierten Urgroßmutter, die angesichts der Avancen der ebenfalls auf der Insel Wassilij Ostrow ansässigen russischen „Künstler und Gelehrte[n]" (13) keine Kraft zur Gegenwehr aufzubringen scheint. Den Männern, die der „Schönen, Blassen mit dem hellen Haar" (ebd.) ihre Aufwartung machen, erscheint sie in ihrer Schwermut und Geistesabwesenheit als Verkörperung von „Traurigkeit und Schönheit und Fremdheit" (14), den „Grundzüge[n] der russischen Seele" (ebd.). Wegen fehlender Sprachkenntnisse der Urgroßmutter gründen diese Zuschreibungen allerdings allein auf der optischen Wirkung der jungen Frau, deren „helles Haar" (15) zudem an Reinheit und Unschuld denken lässt. Ihre Müdigkeit geht so weit, dass sie selbst angesichts des drohenden Duells ihres Mannes „erschöpft in einen der weichen Sessel" (17) sinkt und dort schließlich einschläft, einer Konfrontation mit der

Wirklichkeit also bewusst oder unbewusst erneut aus dem Weg geht.

Umso bedeutsamer ist daher jener kurze Moment, in dem sie ihre passiv-leidende Haltung überwindet, ihr Schicksal selbst in die Hand nimmt und ihren Mann nach dessen lang ersehnter Rückkehr von einer weiteren Reise nach Wladiwostok abzuhalten sucht, indem sie ihr zuvor verborgenes Handgelenk mit dem Korallenarmband auf den Tisch legt und die Aufmerksamkeit ihres Mannes auf das Geschenk des Liebhabers lenkt (vgl. 16). Diese einfache Handlung stellt eine Art Befreiungsschlag für sie dar, führt sie letztlich doch dazu, dass sie nach dem Duelltod ihres Mannes und der Geburt ihrer Tochter Russland endlich verlassen kann (vgl. 17 f.). Bezeichnend ist zudem, dass der bedeutungsvollen Geste ein fehlgeschlagener Gesprächsversuch zwischen den beiden einander stark entfremdeten Ehepartnern vorausgegangen ist, da die Urgroßmutter den auf Russisch geäußerten Ausführungen nicht folgen kann. Dem einzig verständlichen Wort „Wladiwostok" (16) kommt in ihrer Wahrnehmung daher eine ungeheure Wucht zu.

Nonverbale Auflehnung der Urgroßmutter

KURZINFO

Die Ich-Erzählerin und ihre Urgroßmutter
- Die Ich-Erzählerin versucht, mithilfe des Erzählens die Geschichte ihrer Urgroßmutter von ihrer eigenen zu trennen.
- Auch wenn ihr dies von ihrer Umwelt verwehrt wird, stellt die Erzählung doch einen gelungenen Versuch der Selbstfindung dar.
- Die Intensität der Bindung an die Urgroßmutter spiegelt sich vereinzelt auch in mystischen Elementen.

Die Beziehung zwischen der Ich-Erzählerin und ihrer Urgroßmutter ist untrennbar mit der Identitätssuche der Ich-Erzählerin verwoben. Das nun von der zwanzigjährigen Frau getragene Korallenarmband stellt dabei das sichtbare Zeichen für den enormen Einfluss der Urgroßmutter auf das Leben ihrer Urenkelin dar, die nach eigenen Angaben „nichts zu tun" (22) hat und sich daher intensiv mit dem eigenen Innenleben beschäftigen kann. Dass die Ich-Erzählerin Gefahr läuft, sich durch die Identifizierung mit ihrer Urgroßmutter selbst zu verlieren, ist ihr dabei durchaus bewusst:

Verwobenheit zweier Leben

> „Ich kannte die Geschichte meiner Urgroßmutter, ich konnte
> im Geist durch die dunkle, dämmerige Wohnung am Malyj-
> Prospekt gehen, ich hatte den Nikolai Sergejewitsch in den
> Augen meiner Großmutter gesehen. Die Vergangenheit war
> so dicht mit mir verwoben, daß sie mir manchmal wie mein
> eigenes Leben erschien. Die Geschichte meiner Urgroßmutter
> war meine Geschichte. Aber wo war meine Geschichte ohne
> meine Urgroßmutter? Ich wußte es nicht." (22)

Sprechen und Erzählen als Wege zur Identitätsfindung

Aus dieser Problematik erwächst das Bedürfnis der Ich-Erzählerin, sich durch die Schilderung der Erlebnisse ihrer Urgroßmutter von der Vergangenheit zu distanzieren und zu eigener Unabhängigkeit zu gelangen. Sie hofft darauf, mit ihrem Geliebten, dem Urenkel von Isaak Baruw, in einen Austausch über das Geschehene zu treten. Doch dieser verwehrt ihr die Möglichkeit dazu. Der Druck, ihrer beider Leben im Gespräch zu entwirren, wächst dadurch immer stärker, wie die Erzählerin ihrem Geliebten verzweifelt mitteilt:

> „Ich will die Geschichten erzählen, hörst du! Die Petersburger
> Geschichten, die alten Geschichten, ich will sie erzählen,
> um aus ihnen hinaus, und fortgehen zu können." (24)

Unter diesem Aspekt stellt sich die Wiedergabe der Petersburger Episode – und letztlich die gesamte Erzähung – als ein Versuch der Ich-Erzählerin dar, sich ihrer selbst bewusst zu werden.

Lenkung des Schicksals durch die Urgroßmutter

Ihren Geliebten lernt sie nur deshalb kennen, weil sie der Beerdigung von dessen Eltern auf Anweisung ihrer Urgroßmutter beiwohnt (vgl. 19). Daher glaubt sie, die alte Frau habe sie „zu ihm geschickt" (vgl. 23), und schreibt der Begegnung damit einen geradezu mystischen, schicksalhaften Charakter zu. Die Intensität ihrer Bindung an die Urgroßmutter tritt auch in ihren Visionen zutage: So erscheint ihr „von Zeit zu Zeit" (22) die Urgroßmutter, klopft an die Tür, nennt sie bei den liebevollen, wohlklingenden „Kosenamen [ihrer] Kindheit" (ebd.) und versucht auf diese Weise, die Erzählerin dazu zu bewegen, „mit ihr nach Hause [zu] gehen" (22) und Isaak Baruws Urenkel zu verlassen.

Aufforderung zur Trennung von ihrem Geliebten

Durch die wiederholte Erwähnung der „knochigen Hand" (23; vgl. auch 22) der Urgroßmutter erinnert diese Szene an den Topos des an die Tür klopfenden Todes, lässt sich also als eine Art Weckruf zur Vergegenwärtigung der Vergänglichkeit des Daseins deuten, der gleichzeitig die Dringlichkeit der Veränderung negativer Lebensumstände ins Bewusstsein ruft. Diesem Ansinnen erteilt die Ich-Erzählerin allerdings eine Absage, denn sie sieht die Urgroßmutter als eigentliche Initiatorin der Beziehung zu Isaak Baruws Urenkel an und fordert sie daher auf, zu „warten, bis es zu Ende ist" (23). Die Visionen sowie die zeitlichen Angaben zur Biographie der Urgroßmutter legen zudem die Annahme nahe, dass sie zu diesem Zeitpunkt bereits verstorben ist; insofern erscheint der Versuch zur Lenkung des Schicksals ihrer Urenkelin möglicherweise in einem anderen Licht und könnte als Indiz einer fortdauernden symbiotischen Beziehung beider interpretiert werden.

KURZINFO

Die Ich-Erzählerin und ihr Geliebter
- Der Geliebte ist zunächst vor allem wegen dessen Verwandtschaft mit Isaak Baruw von Bedeutung.
- Die Ich-Erzählerin leidet unter der extremen Verschlossenheit ihres Geliebten, der die Kommunikation mit ihr nahezu gänzlich verweigert und dadurch ihre Orientierungslosigkeit verstärkt.
- Beide Figuren kreisen letztlich nur um sich selbst.
- Der Geliebte wird als schwächliche, depressive und leblose Figur charakterisiert und als fischähnlich beschrieben.
- Sprachlosigkeit und emotionale Kälte in der Beziehung stellen eine Parallele zur Ehe der Urgroßeltern der Ich-Erzählerin dar.
- Eine weitere Parallele besteht in der letztlich geglückten Befreiung aus einer einsamen und unglücklichen Verbindung.

Der Geliebte der Ich-Erzählerin bezieht seine Anziehungskraft vor allem aus seiner Verwandtschaft zu Isaak Baruw, dem Freund und Sekundanten des Urgroßvaters, der einst Russland zusammen mit der Urgroßmutter verlassen hat. Dass seine individuelle Persönlichkeit für die Ich-Erzählerin eine eher untergeordnete Rolle spielt, lässt sich schon alleine aus seiner Namenlosigkeit ersehen (vgl. 19). Bezeichnet wird er stets über seine Beziehung zu seinem Vorfahren oder zur Ich-Erzählerin. Diese erwartet, durch ihn weitere Kenntnisse über die „Petersburger Geschichten" (ebd.) zu gewinnen und

Verwandtschaft mit Isaak Baruw als Auslöser für das Interesse der Ich-Erzählerin

durch deren Klärung Trost und Orientierung für die Gegenwart zu finden.

Der Geliebte erweist sich jedoch als äußerst verschlossener, gefühlskalter Mann, wie bereits der Hinweis auf seine „kalte Hand" (ebd.) bei der ersten Begegnung beider erahnen lässt. Den Bedürfnissen der Ich-Erzählerin gesteht er keinen Raum zu. Obwohl er sich, eingeschlossen in seine lähmende Depression und vermutlich auch die Trauer um die verunglückten Eltern, ausschließlich auf sein eigenes Leid zu konzentrieren scheint, beteuert er paradoxerweise unentwegt, sich nicht für sich selbst zu interessieren (vgl. ebd.). Unter diesem Vorwand lehnt er Gespräche über seinen Urgroßvater und dessen Verbindung zur Urgroßmutter der Ich-Erzählerin rigoros ab (vgl. 24), verweigert überhaupt den Austausch mit seiner Freundin:

Gesprächsverweigerung des Geliebten

> „Ich hatte, seitdem ich bei meinem Geliebten war, schon lange nicht mehr wirklich gesprochen, ich sprach kaum mit ihm, und er sprach so gut wie nie mit mir, immer nur sagte er diesen einen Satz, und es gab Augenblicke, in denen ich dachte, die Sprache bestehe einzig und allein aus diesen sieben Worten: Ich interessiere mich nicht für mich selbst." (21)

Diese Haltung steht in einem deutlichen Gegensatz zur Ich-Erzählerin, die sich fast obsessiv mit der Frage ihrer eigenen Identität beschäftigt. Das Kreisen um das eigene Ich bewertet sie denn auch ohne jeden Anflug von Selbstkritik oder Ironie als Selbstverständlichkeit:

Offene und verdeckte Egozentrik

> „ [...] ich fand es erstaunlich, sich nicht für sich selbst zu interessieren. Ich interessierte mich ausschließlich für mich selbst." (20)

Dass auch der Geliebte durchaus das Bedürfnis nach Mitteilung seiner Gedanken und Gefühle verspürt, bezeugen seine Besuche bei einem Therapeuten, mit dem er nach eigenem Bekunden über sich selbst spricht (vgl. 21). Er lässt also nur einen Arzt, nicht aber seine Geliebte an seinem Innenleben teilhaben. Ob dafür Angst vor Nähe, Bindungsunfähigkeit oder Vertrauensmangel ursächlich sind, bleibt offen.

Im Fehlen von emotionaler Wärme und echtem Austausch lässt sich eine deutliche Parallele zur Ehe der Urgroßmutter der Ich-Erzählerin erkennen. Augenfällig
werden die Analogien auch in einem der wenigen Dialoge zwischen der Ich-Erzählerin und dem Urenkel Issak
Baruws. Konfrontiert mit dem bedeutungsvollen Korallenarmband seiner Geliebten, beschränkt er sich auf
Ausführungen zu Herkunft und Wuchsform von Korallen
(vgl. 23 f.), ohne ihrem Angebot, die damit verbundene
Geschichte zu erzählen, die geringste Aufmerksamkeit
zu schenken. Dem äußerst emotional besetzten Thema
weicht er durch die Erläuterung unverfänglicher Sachin-
formationen aus und hält seine Geliebte dadurch auf
Distanz. Dabei bedient er sich einer ähnlichen Strategie,
wie sie der Urgroßvater in seinen Briefen zum Ofenbau
einsetzt.

Parallelen zur Ehe der Urgroßeltern

Für den zehn Jahre älteren (vgl. 18) Geliebten bringt
die Ich-Erzählerin denn auch wenig Sympathien auf,
wie dessen durchweg negative Charakterisierung als
kraft- und farblose Figur belegt. So unterstreicht die Bezeichnung seiner „Adern" als „dünn" (19) dessen physische Schwäche. Nicht nur äußerlich erinnert er mit „fischgraue[n] Augen und eine[r] fischgraue[n] Haut" (18 f.) an
ein wenig anschmiegsames Geschöpf, auch seine sprich-
wörtliche Schweigsamkeit (vgl. 19) verbindet ihn mit
einem Fisch. Dabei lässt die Beschreibung seiner Hautfarbe auf fehlenden Kontakt mit Licht und Luft schließen und ruft Assoziationen von Krankheit, Verfall und
Tod hervor. Verstärkt wird diese Vorstellung durch den
Vergleich des depressiven Mannes mit einem „tote[n]
Fisch" (ebd.) und den Hinweis darauf, er liege „den gan-
zen Tag auf seinem Bett" (ebd.).

Ähnlichkeit des Geliebten mit einem Fisch

Seine als „schwerfällig und lallend" (23) beschriebene
Sprechweise, die der eines Betrunkenen entspricht (vgl.
ebd.), fügt sich dabei nahtlos in das Bild eines lebens-
müden, antriebslosen Menschen. Auch die wiederholt
erwähnten Staubflocken (vgl. etwa 24, 25) sowie die
Nähe seines Zimmers zu einem Friedhof (vgl. 24) ordnen
ihn eher dem Reich der Toten als der Lebenden zu, und
bezeichnenderweise findet die erste Begegnung mit der
Ich-Erzählerin auf einer Beerdigung statt (vgl. 19).

Antriebslosigkeit des Geliebten

Das Ausmaß seiner psychischen Probleme kommt ebenso in seinem gestörten Verhältnis zum eigenen Körper zum Vorschein, den er betrachtet, „als wäre er schon tot" (20). Daher verwundert es kaum, dass auch die Sexualität in der Beziehung zur Ich-Erzählerin von Aggression und gegenseitiger Ablehnung geprägt ist: „[…] manchmal liebten wir uns feindselig, und ich biß ihn in seinen salzigen Mund." (Ebd.) In der Gegenwart des leblosen, trübsinnigen Männes empfindet die ohnehin existenziell verunsicherte Ich-Erzählerin eine wachsende Entfremdung von ihrem eigenen Körper und fühlt ihr eigenes Dasein schwinden: „Ich hatte das Gefühl, als sei ich dünn und mager, obgleich ich das nicht war, ich konnte so tun, als sei ich nicht ich selbst." (Ebd.)

Existenzielle Verunsicherung der Erzählerin

Die Charakterisierung des Geliebten als lebensverneinend gipfelt schließlich in der surreal anmutenden Schlussszene, in der er wie ein toter, im Wasser treibender Fisch von der Ich-Erzählerin „mit dem bleichen Bauch nach oben auf dem wassernassen Bett" (29) aufgefunden wird. Mit dem symbolisch zu verstehenden Ertrinkungstod des Geliebten befreit sich die Ich-Erzählerin aus der durch Einsamkeit und Resignation geprägten, fruchtlosen Beziehung und schafft so die notwendige Voraussetzung für ihre eigene Weiterentwicklung. Während der Urgroßvater als Folge der stillen Auflehnung seiner Frau im Duell mit deren Liebhaber tatsächlich ums Leben kommt und dadurch den Weg für die Umsetzung ihres größten Wunsches, die Rückkehr in die Heimat, frei macht, lässt die Ich-Erzählerin den Geliebten in ihrer Phantasie sterben und eröffnet so die Möglichkeit zur selbstbestimmten Neuorientierung.

Befreiung aus der unglücklichen Beziehung mit dem Geliebten

KURZINFO

Die Ich-Erzählerin und der Therapeut
- Die Ich-Erzählerin verspürt angesichts des teilnahmslosen Verhaltens des Therapeuten ein Gefühl der Unterlegenheit und Unsicherheit.
- Sein beharrliches Schweigen erinnert sie an ihren Geliebten.
- Indem sie vor ihm auf dem Boden kriecht, um die versprengten Korallen ihres Armbands aufzusammeln, demütigt sie sich selbst.
- Erst durch den tätlichen Angriff auf den Therapeuten erfolgt ein Umschwung der Machtverhältnisse, der im sinnbildlichen Tod des Mannes gipfelt.

Der Besuch der Ich-Erzählerin bei dem Therapeuten ih- Übergeordnete
res Geliebten ist zunächst durch ein deutliches Macht- Position des
gefälle zugunsten des Arztes gekennzeichnet. Das legt Therapeuten
zum einen die wiederholte Betonung der Größe des Zimmers (vgl. 25) nahe, die ein Gefühl der Verlorenheit bei
der jungen Frau vermuten lässt. Im Gegensatz dazu beschreibt sie den für sie bestimmten Stuhl als „klein" (25).
Die Empfindung, „sehr lange" (ebd.) auf den „ernst und
gerade" (ebd.) blickenden Therapeuten zulaufen zu müssen, unterstreicht ebenfalls ihr Unterlegenheitsgefühl,
signalisiert wohl aber auch einen inneren Konflikt der
Ich-Erzählerin, die mit dem Besuch bewusst gegen den
ausdrücklichen Willen ihres Geliebten verstößt.

Entgegen ihren Erwartungen hüllt sich der Therapeut in
Schweigen, statt das Gespräch zu eröffnen, worauf sie
mit einer Geste der Unterordnung reagiert und die Augen niederschlägt:

> „Der Therapeut nickte mir zu, ich nickte auch und starrte ihn
> an, ich wartete auf den Anfang, auf den Beginn der Unterhal-
> tung, auf seine erste Frage. Der Therapeut starrte zurück,
> bis ich meinen Blick senkte, aber er sagte nichts. Er schwieg.
> Sein Schweigen erinnerte mich an etwas. Es war sehr still." (24)

Wie die Ich-Erzählerin an dieser Stelle andeutet, fühlt Ähnlichkeit
sie sich durch die beharrliche Schweigsamkeit des Man- zwischen
nes an ihren Geliebten erinnert, dessen belastender und Therapeut und
quälender Kommunikationsverweigerung sie durch den Geliebtem
Besuch beim Therapeuten ja gerade zu entkommen
sucht. Diesen Gedanken spricht sie an anderer Stelle auch
explizit aus: „[…] ich dachte, da hätte ich ja auch bei
meinem Geliebten bleiben können" (26). In der Beschreibung der Mimik des Therapeuten, der „Mund und Augen
auf[reißt]" (ebd.), schwingt möglicherweise sogar eine
Anspielung auf das fischähnliche Äußere ihres Geliebten mit. Das scheint insofern schlüssig, als die Ich-Erzählerin unmittelbar nach dieser Beobachtung am Seidenfaden ihres Korallenarmbands zieht, bis dieser reißt.

Dass sie das Verhalten des Mannes als unterschwellig Affektkontrolle
aggressiv und desinteressiert empfindet, spiegelt sich und Desinteresse
auch in der Erwähnung der „nadelspitzen Mine seines des Therapeuten
Bleistiftes" (ebd.), mit der er „auf die glänzende Schreib-

tischplatte" (ebd.) tippt. Der ansonsten völlig unbewegt wirkende Therapeut vermittelt allenfalls über nonverbale Signale, was in ihm vorgeht, wie hier etwa seine Ungeduld gegenüber der unsicher agierenden, verzweifelten und fassungslosen Patientin. Diese sieht sich nun mit der Aufgabe konfrontiert, die im Zimmer verstreuten Korallen wieder einzusammeln. Das Unterfangen führt zu einer noch größeren Demütigung, in der eine sexuelle Komponente mitschwingt, da die junge Frau „auf dem Boden umher" (27) kriecht, sich also zu Füßen des Therapeuten wirft und unter dessen Schreibtisch so nah an ihn herankommt, dass sie „ihn riechen" (ebd.) kann. Wie die zweifach erwähnten „gefalteten Hände" (ebd.) des Mannes signalisieren, strahlt er auch in diesem Moment höchster emotionaler Erregung der Ich-Erzählerin Teilnahmslosigkeit und Desinteresse aus und verliert kein Wort über das Geschehen.

Erst kurz vor dem Ende der Erzählung erfolgt durch den unvermittelten Aggressionsausbruch der Ich-Erzählerin ein Umschwung der Machtverhältnisse. Da sie die bereits aufgesammelten Korallen dem Therapeuten entgegenschleudert, ist dieser gezwungen, sich zu ducken (vgl. 28) und seinerseits zu verteidigen beziehungsweise der Ich-Erzählerin unterzuordnen. Damit lässt sie es allerdings nicht bewenden, sondern stellt sich anschließend seinen sinnbildlich zu deutenden Ertrinkungstod vor, mit dem sie sich gleichsam für seine manipulative Emotionslosigkeit rächt.

Demütigung der Ich-Erzählerin

Aufbegehren und Rache der Ich-Erzählerin

„Hurrikan (Something farewell)"

KURZINFO

Nora und Kaspar
- Nora legt ihre Motive für den Aufenthalt bei ihrem ehemaligen Freund Kaspar an keiner Stelle der Erzählung offen.
- Kaspars direkte Annäherungsversuche weist sie spöttisch zurück.
- Selbst die Verlängerung ihres Besuchs bei Kaspar kann oder will sie nicht erklären.
- Bindungsangst und mangelnde Selbstreflexion kennzeichnen ihr Verhalten.

Die Beziehung zwischen Nora und ihrem ehemaligen Freund Kaspar wird in „Hurrikan" nur mit wenigen Worten skizziert. Dennoch lässt sich feststellen, dass Noras doppeldeutiges Verhalten durch eine bemerkenswerte Unentschlossenheit gekennzeichnet ist. Während Kaspar hofft, sie sei seiner Einladung gefolgt, um Zeit mit ihm zu verbringen, widmet sie sich zu seiner Verärgerung vor allem der Entdeckung der Insel zusammen mit Christine und schließt ihn daher von ihren Unternehmungen aus (vgl. 35). Seine leicht zu durchschauenden Versuche, über die Erinnerung an die ehemalige Liebesbeziehung ein Gefühl der Verbundenheit in Nora wachzurufen, scheinen sie unangenehm zu berühren (vgl. 35), denn sie weist diese mit „Das war mal, Kaspar" (36) spöttisch zurück. Ihre eigenen Absichten bleiben ungewiss, sie „will vielleicht eine neue Art von Freundschaft, vielleicht auch gar nichts mehr" (ebd.). Auch auf Kaspars irritierte Frage nach dem Grund für ihren Besuch geht sie nur in vager Form ein, ohne dabei ihre eigenen Emotionen preizugeben (vgl. ebd.). Selbst ihren Entschluss, länger als geplant auf Jamaika zu bleiben, kann oder will sie gegenüber Christine nicht genauer erklären:

Ambivalente Signale Noras

> „Vielleicht tut er mir leid? Vielleicht fühle ich mich ihm verpflichtet, wegen dem, was mal war? Vielleicht denke ich, er braucht ein wenig Gesellschaft? Ich weiß es nicht. Ich bleibe einfach." (24)

Nora erscheint damit als eine bindungsscheue Figur, die sich treiben lässt, ohne ihr Handeln zu reflektieren oder mögliche Konsequenzen zu bedenken. Von Kaspars unverblümten Sympathiebekundungen fühlt sie sich daher

Noras Bindungsangst und fehlende Selbstreflexion

auch nach Christines Abfahrt eingeengt und unter Druck gesetzt, wie sie in ihrem Brief an die Freundin sarkastisch zum Ausdruck bringt (vgl. 32).

KURZINFO

Christine und Kaspar

- Kaspar ist eifersüchtig auf Christines intensiven und vertrauten Umgang mit Nora.
- Auch reagiert er irritiert auf ihre Versuche, seine Auswanderung nach Jamaika schlechtzureden.
- Das größte Konfliktpotenzial beinhaltet jedoch Christines Flirt mit Cat, dem Kaspar höchst kritisch gegenübersteht.

Eifersucht Kaspars auf Christine

Wenn das Verhältnis zwischen Christine und Kaspar auch eher eine zweitrangige Rolle innerhalb der Erzählung einnimmt, erhält der Leser doch einige Hinweise auf konfliktträchtige Spannungen zwischen beiden Figuren. Anzuführen ist in diesem Zusammenhang zum Ersten die bereits erwähnte Eifersucht, die Kaspar gegenüber Christine verspürt, da Nora ihre Zeit lieber mit ihr zu verbringen scheint, als sich der Erneuerung alter Liebesbande mit Kaspar zu widmen (vgl. 35).

Unterstellung eines Defizits

Ein zweites Problem liegt in Christines Nervosität und Langeweile, die sie während der gemeinsam verbrachten Abende zur Schau stellt und zum Anlass nimmt, Kaspars Entscheidung, nach Jamaika auszuwandern, infrage zu stellen. Dieser ist durch ihre Anmerkungen irritiert, er „mag diese Frage nicht. Er mag Christines Unruhe nicht" (38). Mit „Verärgerung in der Stimme" (ebd.) reagiert er schließlich auf ihre Unterstellung, er müsse gegenüber dem Leben in der Stadt in Deutschland ein Defizit empfinden, d.h. beispielsweise den „Herbst [...], Schnee und Jahreszeiten" (ebd.) vermissen. Um recht zu behalten, drückt Christine ihre Geringschätzung des vorgeblich begrenzten Horizonts der Einheimischen aus:

> „Worüber reden die hier schon, Kaspar. Ich will nicht mein Leben lang über Papayas und Brotfrüchte reden müssen. Über Mangos. Sex, Kinder." (39)

Kritik Kaspars an Christines Flirt mit Cat

Das größte Konfliktpotenzial besteht jedoch in Christines Flirt mit Cat, den Kaspar missbilligt: „Kaspar weiß, daß sie Cat geküßt und ihm Gottweißwas für Versprechungen gemacht hat, er findet's nicht gut." (33) Ihre Gleichgültigkeit gegenüber Cats familiärer Situation bringt ihn bereits vor dem letzten Abend so auf, dass er ihr am liebsten „ins Ohr schreien" (43) würde, da er „das Gefühl [hat], daß sie ihm nicht wirklich zuhört" (ebd.). Deshalb teilt er ihr am Ende dieser Konversation unverblümt mit, es gehe Cat nicht um sie, sondern um ihre „Hautfarbe" (ebd.). Auch ist es Kaspar, der Christine hinsichtlich des angeblich zu verschiebenden Rückflugs auf die Schliche kommt. Wie seine Mimik verdeutlicht (er „ist weiß im Gesicht und beißt sich auf die Lippen", 51), fühlt er sich durch ihre Naivität und ihre Lüge stark provoziert.

KURZINFO

Christine und Cat

- Cats hervorstechendes Merkmal ist seine Trägheit.
- Erst nach einer Zeit des Wartens beginnt er mit wachsender Intensität um Christine zu werben.
- Haupthindernis für eine Beziehung zu Christine ist neben deren Entscheidungsunfähigkeit Cats eheliche Bindung.
- Während Cats Motive für sein Interesse an Christine im Dunkeln bleiben, geht seine Anziehungskraft auf sie vor allem von seiner Fremdartigkeit aus.
- Christines Unentschlossenheit tritt auch nach dem Kuss am letzten Abend ihres Urlaubs zutage. Vor einer Fortsetzung des Flirts zu einem späteren Zeitpunkt scheut sie wegen der damit verbundenen Konsequenzen zurück.

Stoisches Warten Cats

Cat wird vor allem durch seine „Bewegungslosigkeit" (35) und seinen stoischen Gleichmut charakterisiert, mit dem er die Tage auf Kaspars Veranda wie benommen vorbeiziehen lässt:

> „Cat sitzt zurückgelehnt auf dem blauen Verandastuhl, die Augen wie immer halb geschlossen, raucht sehr viel Haschisch, klickt sein Feuerzeug mit dem Daumen auf und beobachtet Nora und Christine." (Ebd.)

Lässt sich sein Interesse an Christine zunächst nur indirekt an der „Beharrlichkeit" (ebd.) seiner mit einem anstrengenden Fußmarsch verbundenen Besuche bei Kaspar erkennen, beginnt er nach einiger Zeit dort auch zu übernachten. Die fast ausschließlich in sitzender Position präsentierte Figur scheint sich in einer Art Warteschleife zu befinden und fordert dementsprechend auch Christine dazu auf, das Warten „[a]uch auf die kleinen Ereignisse" (41) zu lernen. Erst nach zweieinhalb Wo-

Direktes Werben um Christine

chen unternimmt er den ersten direkten Versuch, sich Christine zu nähern, „schnellt [...] aus dem blauen Verandastuhl empor, packt Christine [...] am Handgelenk" (42) und offenbart ihr seine Zuneigung.

Wie ihre Freundin sendet auch Christine widersprüchliche Signale gegenüber dem offen um sie werbenden Mann aus (vgl. 42, 45 f.). Anders als im Falle Kaspars und Noras wird die Entwicklung einer Beziehung zwischen Christine und Cat jedoch nicht nur durch innere Faktoren, wie etwa die Unentschiedenheit der jungen Frau, sondern auch durch äußere Hemmnisse erschwert. An erster Stelle stehen Cats Verpflichtungen gegenüber seiner Familie, seiner Frau Lovy und seinem Kind (vgl. 43), die sich laut Kaspar vorübergehend bei Lovys Familie aufhielten, da „Cat etwas mit einem anderen Mädchen angefangen" (ebd.) habe. Der eigentliche Grund für dessen Daueraufenthalt bei Kaspar sei, dass er nun auf die Rückkehr seiner Ehefrau warte (vgl. ebd.). Auf diese Weise wird Cat nicht nur als untreuer Ehemann charakterisiert und Christine auf seine Unzuverlässigkeit und sein fehlendes Verantwortungsgefühl gegenüber der eigenen Familie aufmerksam gemacht, sondern Cats Passivität als kulturell bedingte Eigenheit kategorisiert: Es sei für den Mann nicht „üblich" (ebd.), seine Ehefrau in solch einem Fall zurückzuholen, wie Kaspar erläutert.

Cats familiäre Bindungen

Offen bleibt vor diesem Hintergrund daher, welche Absichten Cat tatsächlich gegenüber Christine verfolgt, zumal sich Kaspars zynische These nicht ganz von der Hand weisen lässt. Dieser behauptet nämlich gegenüber Christine, Cat nehme sie nicht in ihrer Individualität, sondern als eine „white lady" (35) wahr, weshalb sein Interesse allein in ihrer „Hautfarbe" (ebd.) begründet sei. Damit finden Kategorien wie *gender* und *race* zwar Erwähnung, werden aber nicht problematisiert (vgl. Borgstedt 2006, S. 213). Cat bringt sein sexuelles Begehren offen zur Sprache (vgl. 46), seiner Haltung haftet aber auch eine gewisse Naivität an, da er Christine an ihrem letzten Abend auf der Insel wiederholt danach fragt, ob sie wiederkomme (vgl. 53). Selbst nach ihrem Heimflug scheint er davon überzeugt (vgl. 54), auf eine – wie auch immer geartete – Fortsetzung des Urlaubsflirts mit Christine hoffen zu können. Warum Nora ihn darin bestärkt, bleibt offen.

Unklare Absichten Cats gegenüber Christine

Die Abweichungen von vertrauten Gewohnheiten und Handlungsmustern sind möglicherweise ursächlich für die Faszination, die von Cat auf Christine ausgeht und die ihn zum Protagonisten ihrer Träume von einem anderen Leben werden lassen. So kommt sie durch die interessierte Beobachtung Cats während des Essens zu dem Schluss, dass es ihm dabei lediglich um die Nahrungsaufnahme gehe, „das Stillen von Hunger" (37), die

Faszination durch die Fremdartigkeit Cats

gleichmütige Befriedigung elementarer Bedürfnisse, ohne Ansprüche an den Geschmack des jeweiligen Gerichts zu stellen.

> „Nicht nur seine Art zu essen, auch Cats Name verweisen auf den Bereich des Animalischen, seine brüske Zuneigungsbekundung trägt ebenfalls diese Signatur […]" (Sander 2015, S. 93).

Seinen Geruch nimmt Christine als „gut" (42) und fremdartig wahr, kann ihn aber nur schwer einordnen und assoziiert ihn mit „Petroleum, Erde, Rum, Haschisch" (53). Cats Kuss lässt sie schließlich nicht nur das „Rumtrinken auf der Insel" als „etwas völlig anderes" als das „Rumtrinken zu Hause" (53 f.) empfinden, auch ihre eigene Stimme erscheint ihr danach „fremd" (54), „ganz verschlafe[n] und weic[h]" (33), als habe sie kurzzeitig eine neue, durch Cat und Jamaika geformte Identität angenommen.

Zwischen Sehnsucht und Entscheidungsangst

Auch vor dem Kuss lösen Cats Attraktivität und seine Berührungen körperliche Empfindungen bei Christine aus, die sich u. a. in „Gänsehaut auf den Armen und am Hals" (45) und Schwindelgefühl (vgl. 46) äußern. Hin und her gerissen zwischen unerfüllten Sehnsüchten, die sie durch Cat verkörpert sieht (vgl. 48 f.), und der Angst, sich festzulegen (vgl. 51), findet sie ihm gegenüber jedoch zu keiner klaren Linie. Obgleich sie Kaspar ihre Gleichgültigkeit gegenüber Cats familiären Bindungen mitteilt (vgl. 42), weist sie Cats Ansinnen einer gemeinsamen Nacht zurück. Erst am Abend vor ihrem Rückflug sucht sie Cat „atemlos und mit klopfendem Herzen" (52) voller „ängstlicher Unentschlossenheit" (33) auf seiner Bank vor Brentons Laden auf, wohl wissend, dass sie damit die Möglichkeit einer zukünftigen Liebesbeziehung in Aussicht stellt. Selbst nach dem Ende ihrer Reise vermeidet sie eine Auseinandersetzung mit den Konsequenzen ihres Handelns und reagiert mit Erstaunen auf die Nachricht von Cats Eheproblemen:

> „Sie wundert sich, daß die Dinge immer ihre Wirkung haben, fühlt sich weit weg von der Insel, müde auch." (32)

Bilder, Symbole und Motive

„Sommerhaus, später"

Das Haus in Canitz – Stein zwischen Traum und Wirklichkeit
- Steins Traum von einem eigenen Haus verdeutlicht seine Sehnsucht nach Sesshaftigkeit und einer stabilen Liebesbeziehung zur Ich-Erzählerin.
- Das imaginierte Landidyll bildet zugleich einen Gegenpol zur Großstadt.
- Während er das von ihm erworbene Haus vor allem wegen dessen Potenzials wertschätzt, ist die Ich-Erzählerin über dessen Baufälligkeit schockiert.
- Inmitten des Dorfes wirkt das Haus wie ein funktionsloser Fremdkörper aus vergangenen Zeiten.
- Auch für Stein selbst verliert das Haus schließlich seine Funktion, da die Ich-Erzählerin auf das wiederholte Angebot einer gemeinsamen Zukunft nicht reagiert.
- Daher lässt er seinen als Illusion enttarnten Traum letztendlich selbst im Feuer aufgehen.

Das im Titel der Erzählung erwähnte Sommerhaus lässt sich zunächst als Symbol für die Sehnsucht des wohnsitzlosen Taxifahrers Stein nach einem festen Bezugspunkt verstehen, eine Art Gegenprogramm zu seinem Leben als städtischer Nomade. An Steins exaltiertem Gefühlsausbruch anlässlich seines Kaufs, „es ist unglaublich, es ist großartig, es ist toll!'" (140), seiner Nervosität und Aufgeregtheit zu Beginn der Fahrt nach Canitz (vgl. 145) ebenso wie seinem Übermut nach der Schlüsselübergabe durch die Vormieterin (vgl. 146) lässt sich die immense Bedeutung ablesen, die er dem Hauskauf zuschreibt. Die Immobilie eröffnet ihm nicht nur die Chance auf ein Ende seiner unsteten Lebensführung, sondern vielmehr die „Möglichkeit" (152) einer festen Paarbeziehung mit einem gemeinsamen Wohnsitz, auch wenn er sich diesbezüglich gegenüber der Ich-Erzählerin nicht eindeutig festlegt (vgl. ebd.).

Steins Wunsch nach Stabilität und Sesshaftigkeit

Im Gegensatz zu seiner sonst vorherrschenden Wortkargheit scheint er diesen Wunsch im Vorfeld des tatsächlichen Kaufs wiederholt wortreich erklärt zu haben, wie die Ich-Erzählerin retrospektiv anmerkt:

> „Stein und sein Gerede von *dem* Haus, raus aus Berlin, Landhaus, Herrenhaus, Gutshaus, Linden davor, Kastanien dahinter, Himmel darüber, See märkisch, drei Morgen Land mindestens, Karten ausgebreitet, markiert, Wochen in der Gegend rumgefahren, suchend." (139)

Sehnsucht nach einem Landidyll

Skizziert wird die stereotype, mosaikartig zusammengestellte Vorstellung eines naturnahen Landidylls, eines Gegenpols zu Berlin als urbanem Lebensraum. Steins Suche ist dabei offenbar von der Überzeugung geleitet, es existiere ein genau auf seine Bedürfnisse abgestimmtes Haus, „das Haus" (ebd.), das es nur zu finden gelte.

Zwischen Traum und Realität

Der marode Zustand des Gebäudes trübt seinen Besitzerstolz in keinster Weise, nahezu zärtlich macht er sich mit kindlicher Entdeckerlust mit dessen Eigenheiten vertraut, „[s]treichelte Treppengeländer und Klinken, klopfte gegen Wände, zupfte Tapete herunter und bestaunte den staubigen Putz, der darunter zum Vorschein kam" (149). Bei der Erkundung seines Hauses scheint er eher dessen Potenzial als dessen tatsächlichen Zustand vor Augen zu haben und sich in einer Art Tagtraum zu verlieren, nimmt er doch die Ich-Erzählerin kaum noch wahr, bis diese sich bemerkbar macht.

Ruinöser Zustand des Hauses

Im Kontrast zu Steins optimistischem Enthusiasmus registriert die Ich-Erzählerin beim Anblick des Hauses, einer „Ruine" (148), vor allem dessen Baufälligkeit und fürchtet gar, es könne „jeden Moment lautlos und plötzlich in sich zusammenfallen" (ebd.). Der Verfall des Hauses, der an den „daumendicke[n] Risse[n]" (ebd.) im Mauerwerk erkennbar ist, steht im Gegensatz zu Steins euphorischem, die Wirklichkeit verkennenden Urteil und bildet eine Analogie zur Brüchigkeit der Beziehung zwischen dem Taxifahrer und der Ich-Erzählerin.

Abglanz vergangener Zeiten

Diese charakterisiert das Haus zwar in einer Metapher als „ein Schiff" (ebd.) und betont dadurch dessen beeindruckende Ausmaße, mit denen es sich als eine Art Fremdkörper von seiner dörflichen Umgebung deutlich abhebt. Zugleich sieht sie es aber als ein Relikt „lange vergangener Zeit" (ebd.), ein „gestrandetes" (ebd.) und damit verunglücktes Schiff, das seine eigentliche Funk-

tion nicht mehr erfüllen und keine Sicherheit versprechen kann. Details wie das „skelettiert[e] Giebeldach mit
zwei hölzernen Pferdeköpfen zu beiden Seiten" lassen den einstigen Stolz und Glanz des „große[n], zweit-
stöckige[n] Gutshaus[es] aus rotem Ziegelstein" (ebd.),
seine ursprüngliche Solidität und Stabilität erahnen,
doch ist es den Einflüssen seiner Umwelt aufgrund fehlender Fensterscheiben (vgl. ebd.) schutzlos ausgeliefert.
Die durch die Darstellung des Hauses evozierte „mythi-
sche Welt" (Meise 2005, S. 150) hält einer genaueren Betrachtung auf Dauer nicht stand.

Während der Besichtigung des Hauses in Canitz brechen
sich Steins aufgestaute Aggressionen gegenüber der Berliner Clique (vgl. 150) sowie seine Wut und Hilflosigkeit
angesichts des ostentativ zur Schau gestellten Unver-
ständnisses der Ich-Erzählerin gegenüber seinen Absichten und Plänen (vgl. ebd.) kurzzeitig Bahn. Wenn er
sich anschließend um eine Beruhigung der Lage bemüht
zeigt, führt die fehlende Bereitschaft der jungen Frau,
Steins subtil geäußerte Liebeserklärung (vgl. 152) zur
Kenntnis zu nehmen, sich zu öffnen und über eine gemeinsame Zukunft zu sprechen, schließlich doch zum
Abbruch der Hausbesichtigung. Das leer stehende, ver-
fallene Haus wird so zum Symbol der Aussichtslosigkeit
einer gemeinsamen Zukunft und spiegelt den desaströ-
sen Zustand der Beziehung zwischen den Hauptfiguren.

Symbol der Aussichtslosigkeit einer gemeinsamen Zukunft

Wie „Dachpappe, Tapeten und Wandfarbe" (153) im Kofferraum illustrieren, hält Stein trotz der Enttäuschung
noch einige Zeit an seiner utopischen Vorstellung fest.
Auch die Postkarten an die Ich-Erzählerin dokumentieren den Fortgang der Renovierungsarbeiten, die wohl
vor allem der Vorbereitung ihres Einzugs dienen sollen.
So informiert er sie, das Dach sei dicht (vgl. 154) und er
habe „was gepflanzt" (155), das sie essen könne. Seine
Zukunftsvision lässt er angesichts des Schweigens der
Ich-Erzählerin schließlich jedoch selbst in Flammen aufgehen. Nimmt man in diesem Kontext die reinigende
Funktion der Elementarkraft des Feuers in den Blick, lässt
sich dies auch als eine Art Katharsis Steins verstehen,
der die Voraussetzungen für einen radikalen Neuanfang
schafft.

Reinigende Kraft des Feuers

KURZINFO

Der Schlüsselbund – Zugang zu einer nicht betretenen Welt
- Mit der Übergabe des Schlüsselbundes erteilt Stein der Ich-Erzählerin eine dauerhafte Verfügungsgewalt über sein Haus, die sie jedoch nicht nutzt.
- Die nostalgische Vorstellung, die der schöne, alte Schlüsselbund des Hauses in Canitz in der Ich-Erzählerin weckt, kann der enttäuschenden Wirklichkeit nicht standhalten.
- Den funktionslosen Schlüsselbund bewahrt die Ich-Erzählerin auch nach dem Hausbrand wie eine verdrängte Erinnerung in einer Schublade zusammen mit den Postkarten auf.

Symbol ungenutzter Möglichkeiten

Der Schlüsselbund, den Stein der Ich-Erzählerin während der Autofahrt nach Canitz anvertraut (vgl. 147), kann als Symbol der durch den Hauskauf eröffneten, letztendlich jedoch nicht realisierten Chancen und Möglichkeiten verstanden werden. Über die „Identität und Geschichte" (Meise 2005, S. 146) verkörpernden Schlüssel verleiht Stein der jungen Frau die Verfügungsgewalt über das gesamte Anwesen und unterbreitet ihr dadurch wortlos das Angebot einer gemeinsamen Zukunft. Erst durch die Berührung der einzelnen Schlüssel, „alle alt und mit schöngeschwungenem Griff" (147), nimmt das Haus in der Vorstellung der Ich-Erzählerin Gestalt an:

> „Der Schlüssel zum Stall, der Schlüssel zum Boden, der fürs Tor, für die Scheune, fürs gute Zimmer, für Melkkammer, Briefkasten, Keller und Gartentor […]." (Ebd.)

Diese an einen Abzählreim erinnernde Aufzählung entfaltet das Bild einer vergangenen, überschaubaren und wohlgeordneten Welt, von der die Protagonistin offenbar emotional so stark angesprochen wird, dass sie unvermittelt Empathie für „Stein, seine Begeisterung, seine Vorfreude, seine Fiebrigkeit" (ebd.) entwickelt. Ernüchtert muss sie aber bei der Besichtigung des Hauses die Funktionslosigkeit des Schlüsselbundes und damit den Kontrast zwischen ihren Tagträumen und der tatsächlichen Situation erkennen, denn „alle Türen standen offen oder waren nicht mehr vorhanden" (149).

Schwelgerische Nostalgie und Ernüchterung der Ich-Erzählerin

Die Schlüssel kommen erneut zur Sprache, als Stein nach seinem Verschwinden die erste Karte aus Canitz an die Erzählerin schreibt und sie daran erinnert, dass sie die Schlüssel noch besitze (vgl. 155). Im Zusammenhang mit dem Nebensatz „*wenn du kommst*" (ebd.), der nicht nur temporal, sondern auch konditional verstanden werden kann, gilt diese Erinnerung vermutlich als indirekte Einladung an die Ich-Erzählerin, der sie allerdings nicht folgt. Wie der Leser am Ende der Erzählung erfährt, bewahrt sie, nachdem sie von dem Hausbrand erfahren hat (vgl. 156), die nun endgültig funktionslosen Schlüssel in ihrer Schreibtischschublade auf – eine ins Unterbewusstsein verdrängte Erinnerung.

Symbol verdrängter Erinnerungen

KURZINFO

Die Dorfkirche – Sinnbild der Beständigkeit

- Anders als der Rest des heruntergekommenen Ortes hinterlässt die Dorfkirche in Canitz einen positiven Eindruck bei der Ich-Erzählerin.
- Der Kirchturm mahnt bei seinen Betrachtern Beständigkeit an und fungiert damit als Erinnerung an die Option einer festen Bindung der Protagonisten.

Im Gegensatz zu den Enge und Bedrückung ausstrahlenden, teils leer stehenden Häusern in Canitz, das über keinerlei Infrastruktur verfügt und im Vergleich mit anderen ähnlichen Orten als „schlimmer" (147) eingestuft wird, überrascht die Dorfkirche die Ich-Erzählerin durch ihre ansprechende Gestaltung. Sie beschreibt diese als „schön und rot mit einem runden Glockenturm" (148).

Der Turm wird mehrfach als eine Art positiver Bezugspunkt genannt: Stein weist die Ich-Erzählerin darauf hin, man könne „von der Veranda aus die Sonne hinterm Kirchturm untergehen sehen" (147), und setzt ihn damit in einen allgemein als ‚romantisch' erachteten Kontext. Die Ich-Erzählerin beschleicht beim Anblick des Kirchturms „das schuldige Gefühl, irgend etwas Zukunftsweisendes, Optimistisches sagen zu müssen" (151). Dass Kirchen häufig mit Beständigkeit und konservativen Werten assoziiert werden, steht im Einklang mit Steins Wahl der Dorfkirche als Motiv aller seiner Karten an die Ich-Erzählerin (vgl. ebd.), die daher als Erinnerung an die Option einer festen Bindung gelesen werden können.

Symbol der Beständigkeit und einer festen Bindung

KURZINFO

Die Taxifahrten – Ziellosigkeit und Trance

- Das Motiv der Taxifahrt lässt sich als Parallele zur Ziellosigkeit der Beziehung zwischen Stein und der Ich-Erzählerin deuten.
- Dabei bietet das Taxi sowohl Schutz als auch Isolation hinsichtlich der Einflüsse der Außenwelt.
- Unter dem Einfluss unterschiedlicher Musik auf gemeinsamen Taxifahrten erleben die beiden Figuren während ihrer Liebesbeziehung Momente sowohl der Trance als auch der Entfremdung von ihrer Umwelt.
- Derartige Erlebnisse kann die Fahrt nach Canitz trotz eines kurzen Aufflackerns alter Gefühle nicht mehr entstehen lassen.

Das literarische Motiv der Fahrt als Lebensreise steht häufig in enger Beziehung zu einem Erfahrungs- und Erkenntnisgewinn der Figuren. Im Falle der Taxifahrten, die in der Erinnerung der Ich-Erzählerin das wesentliche Element ihrer dreiwöchigen Liebesaffäre mit Stein bilden (vgl. 140), greift dieses Deutungsmuster jedoch nur bedingt, da die Fahrten weder zu einer Persönlichkeitsentwicklung noch zu einer nachhaltigen Einsicht in die eigene Psyche oder die Beschaffenheit der Welt führen. Dennoch lässt sich gerade in der Ziellosigkeit der gemeinsamen Fahrten eine Parallele zu der Richtungslosigkeit ihrer Beziehung sehen. Das Taxi ist als Schauplatz auch insofern bedeutsam, als es einen geschlossenen Raum darstellt, der durch seine Enge für ein gewisses Maß an Geborgenheit, Nähe und Intimität sorgt. Die unwirtlichen Wetterverhältnisse mit Regen und Schnee verstärken diesen Eindruck (vgl. 141 f.). Somit handelt es sich bei dem Taxi einerseits um einen Schutzraum, andererseits geht damit eine Abtrennung der beiden Insassen von der Außenwelt einher. Abseits von der restlichen Gesellschaft erleben sie zumindest punktuell gemeinsame Erfahrungen.

Symbol einer ziellosen Beziehung

Schutz und Isolation von der Außenwelt

Musik zur atmosphärischen Untermalung

Eine besondere Bedeutung nimmt in diesem Zusammenhang die Musik ein, die wie ein Soundtrack die visuellen Wahrnehmungen während der Fahrten atmosphärisch hinterlegt und jeweils für eine bestimmte Strecke vorgesehen ist: „[...] David Bowie für die Innenstadt, Bach für die Alleen, Trans-AM nur für die Autobahn" (142). Bei der ersten Fahrt nach dem Beginn der Beziehung fährt Stein zur Musik von Massive Attack „die Frankfurter Allee wohl eine Stunde lang rauf und runter" (141) und versetzt die Ich-Erzählerin durch die zyklische Wiederholung der Strecke und die düster-hypnotischen Songs der britischen Trip-Hop-Band in einen „seltsamen Schwebezustand" (ebd.), den wohl auch Stein teilt, wie dessen kontextlose Frage „Verstehst du's?" (ebd.) nahelegt. Dabei hat die Ich-Erzählerin den Eindruck, die Stadt habe ein Eigenleben angenommen; zu den eigentlich vertrauten Gebäuden verspürt sie eine ungewohnte Distanz und zeigt sich von deren Größe, Fremdartigkeit und Schönheit beeindruckt (vgl. ebd.). Auch Steins an expressionistische Großstadtdichtung erinnernder Vergleich der Stadt mit einem „ausgestorbene[n] Riesentier" (ebd.) drückt ein Gefühl von Entfremdung und eigener Bedeutungslosigkeit angesichts der als animalisch und gigantisch empfundenen Umwelt aus.

Trance und Entfremdung

Die Fahrt nach Canitz knüpft zwei Jahre später an diese Erfahrungen „seltsame[r] Euphorie, [...] Gleichgültigkeit [und] Fremdheit" (145) an und ist ebenfalls von winterlicher Kälte begleitet. Zum Winter als präferierter Jahreszeit ihres Erzählbandes erläutert die Autorin, sie sei in diesen Monaten „wacher, konzentrierter, näher bei [sich], empfindsamer" (Prangel 2001) und habe daher das „Gefühl, [...] die Befindlichkeit der Personen leichter beschreiben" (ebd.) zu können. Über diese Vorliebe hinaus lässt sich die Kälte der Umwelt auch als Sinnbild der Einsamkeit beider Figuren, ihrer Distanz zueinander und ihrer Unbehaustheit deuten.

Winterliche Kälte als Begleitumstand der Taxifahrten

Ein weiterer Anknüpfungspunkt zu früheren gemeinsamen Fahrten besteht im bewussten Einsatz eines bestimmten Musikstücks. Die nach Aufforderung der Ich-Erzählerin abgespielte Audiokassette der Opernsängerin Maria Callas weist über die zwanzigfache Montierung der immer gleichen Arie (vgl. 145) – ähnlich wie die Fahrt auf der Frankfurter Allee – einen zyklischen Charakter auf und löst ein kurzlebiges Gefühl der Verbundenheit aus. Doch die tranceartige Stimmung früherer Fahrten wiederholt sich nicht, weil ungeklärte Fragen – nicht nur im Zusammenhang mit Steins Hauskauf – zwischen beiden stehen.

Kurzes Aufflackern alter Gefühle

„Rote Korallen"

KURZINFO

Die Korallen – Sinnbild weiblicher Schicksale

- Das rote Korallenarmband bezeugt den Ehebruch der Urgroßmutter, wird aber gleichzeitig zum Symbol ihrer Emanzipation vom Ehemann.
- Das Schicksal der Urgroßmutter spiegelt sich in dem ihrer Urenkelin, die sich mithilfe der Korallen gegen die Unterdrückung vonseiten eines Mannes wehrt.
- Zudem veranschaulicht das Korallenarmband den Prozess der Loslösung der Ich-Erzählerin von ihrer Fixierung auf die Urgroßmutter.
- Die Farbe Rot vermittelt in der komplexen Symbolik des Armbands sowohl die Leidenschaft der außerehelichen Affäre der Urgroßmutter als auch die Wut der beiden weiblichen Hauptfiguren.
- Das sinnbildlich zu verstehende Fortschwemmen der Korallen symbolisiert die endgültige Trennung der Ich-Erzählerin von ungesunden Bindungen.
- Das Bild der schwarzen Korallen verweist auf die negativen Folgen fehlender Kommunikation.

Verflechtung des Lebens der Urgroßmutter mit der Ich-Erzählerin

Der Titel der vorliegenden Erzählung verweist auf deren zentrales, bereits im ersten Satz eingeführtes Symbol, „das rote Korallenarmband" (11). Dieses Schmuckstück hält nicht nur „sechshundertfünfundsiebzig Korallen" (27) zusammen, sondern verbindet auch das Leben der Urgroßmutter mit dem ihrer Urenkelin. Das „aus Rußland" (11) stammende Armband wird der Urgroßmutter während ihres Aufenthaltes in Petersburg von ihrem Geliebten Nikolaij Sergejewitsch überreicht. Zum ersten gemeinsamen Abendessen mit ihrem Ehemann nach dessen mehrjähriger Abwesenheit legt sie den Schmuck erst nach gründlicher Überlegung an:

> „Meine Urgroßmutter legte die Bürste in den Schoß. Sie schloß sehr lange die Augen. Sie machte die Augen wieder auf, nahm das rote Korallenarmband aus dem Kästchen heraus und band es sich um ihr linkes Handgelenk." (24)

Symbol der Emanzipation

Das Armband wählt sie also bewusst, um damit entschlossen ein Zeichen zu setzen und eine wortlose Botschaft zu übermitteln. Es wird zum Zeichen ihrer Emanzipation (vgl. Pfäfflin 2007, S. 135) vom gefühlskalten Ehemann.

Dabei transportiert die Farbe Rot zum einen Liebe, Leidenschaft und Sinnlichkeit, lässt sich also als visueller

Ausdruck der Gefühle Nikolaij Sergejewitschs für die Urgroßmutter und deren Verführung deuten. Zum anderen wird die Farbe explizit mit ihrer „Wut" (15) in Verbindung gebracht, ihrer Frustration und Aggression, die sie gegenüber ihrem Ehemann empfindet. Die ihr zugemutete Fremdheit und Einsamkeit, die Ignoranz ihres Mannes gegenüber ihrer Situation und seine Ankündigung einer erneuten Reise (vgl. 16) rufen in ihr eine solche emotionale Erregung hervor, dass sie das Armband, den Beweis ihrer Untreue, offensiv zur Schau stellt und letztlich damit den Duelltod ihres Mannes provoziert (vgl. 16 f.). Wiederholt wird in diesem Zusammenhang der Kontrast zwischen der weißen Hautfarbe ihres Handgelenks und dem rot leuchtenden Korallenarmband betont (vgl. 15, 16), das – ähnlich einer blutenden Wunde – ihren Ehebruch und damit die Verletzung ihrer moralischen Integrität markiert.

Rot als Symbol für Leidenschaft und Aggression

Jahrzehnte später trägt die Ich-Erzählerin das rote Korallenarmband, genau wie einst ihre Urgroßmutter, „an [ihrem] linken Handgelenk" (22) und hält somit die Erinnerung an deren Schicksal wach, fühlt sich durch die Last der damit verbundenen Geschichten jedoch erdrückt und in ihrer eigenen Identitätsfindung behindert (vgl. ebd.). Der mit dem Korallenarmband verbundene Befreiungsschlag der Ich-Erzählerin gilt damit zunächst den Fesseln der Vergangenheit. Zugleich zeigt sich darin aber eine Parallele zur Situation ihrer Urgroßmutter, denn auch die Ich-Erzählerin befindet sich in einer Beziehung mit einem Mann, der die Wünsche und Belange seiner Partnerin ignoriert. In dem Moment, in dem sie das Desinteresse des wortkargen Therapeuten und dessen Ähnlichkeit zu ihrem Geliebten erkennt, nestelt sie an dem Korallenarmband, bis der „Seidenfaden [reißt] und die sechshundertfünfundsiebzig wutroten kleinen Korallen [...] in einer funkelnden Pracht von [ihrem] dünnen und mageren Handgelenk" (26) platzen.

Loslösung von der Geschichte der Urgroßmutter

Erneut fungiert das Schmuckstück also als Symbol unterdrückten Zorns, aufgestauter Erbitterung und Empörung angesichts der Teilnahmslosigkeit und Gleichgültigkeit einer männlichen Bezugsperson. Die Analogie zwischen der Situation der Urgroßmutter und derjeni-

Wut angesichts männlicher Unterdrückung

gen der Ich-Erzählerin wird hier auch auf der Wortebene sichtbar, greift doch die metaphorische Wortschöpfung „wutrot" auf den Vergleich „rot wie die Wut" (15) zurück. Im Gegensatz zur Urgroßmutter nimmt die Ich-Erzählerin das eigene Handgelenk nun „fassungslos" als „weiß und nackt" (26) wahr, muss sich also an ihre neu gewonnene Freiheit scheinbar erst gewöhnen.

Während des aussichtslosen Versuchs der Ich-Erzählerin, die „über das ganze Zimmer versprengt[en]" (27) Schmucksteine wieder aufzusammeln, zeigt sich ein weiterer Aspekt des Motivs der leuchtend roten Korallen: Sie spiegeln auch die sich steigernde Erregung der Ich-Erzählerin angesichts ihrer Gesamtsituation (vgl. 27 f.). Unmittelbar vor dem finalen Gefühlsausbruch der jungen Frau scheinen die Korallen das Geschehen, vor allem das vom Therapeuten verkündete Ende der Sitzung, süffisant zu kommentieren:

> „Ich schüttete die roten Korallen von der linken in die rechte Hand, sie machten ein schönes, zärtliches Geräusch, fast wie ein kleines Gelächter." (24)

Dieser akustische Eindruck leitet den tätlichen Angriff auf den Therapeuten ein, bei dem die Ich-Erzählerin die aufgesammelten Korallen als eine Art Waffe instrumentalisiert. Indem sie dem Mann die Korallen entgegenschleudert, findet sie ein Ventil für ihre Wut und Frustration. Gleichzeitig überwindet sie dadurch ihre Fixierung auf die Lebensgeschichte ihrer Urgroßmutter sowie die für sie ungesunde Bindung an ihren Geliebten:

Instrumentalisierung der Korallen als Waffe

> „Die roten Korallen prasselten auf seinen Schreibtisch, und mit ihnen prasselte ganz Petersburg, […] die Urgroßmutter, Isaak Baruw und Nikolaij Sergejewitsch, die Großmutter im Weidenkorb und der Geliebte der Fisch […]." (28)

Während also die Protesthandlung der Urgroßmutter still und verhalten vollzogen wird, entlädt sich die Entrüstung ihrer Urenkelin in einem unkontrollierteren, dynamischeren Akt – womöglich als Folge veränderter weiblicher Rollenbilder.

Mit der Wendung ins Fantastische am Ende der Erzählung versinkt anschließend nicht nur der Therapeut im

„Wasser der Weltmeere" (28), auch die Korallen und die damit verknüpften Geschichten sowie die durch den Geliebten aufgezwungene „Stille" werden an ihren Ursprungsort zurückgeschwemmt und aus dem Leben der Ich-Erzählerin verbannt. Ein letztes Mal finden die Korallen im Zusammenhang mit dem leblos aufgefundenen Geliebten Erwähnung. Die Ich-Erzählerin erinnert ihn daran, „daß die Korallen schwarz werden, wenn sie zu lange auf dem Meeresgrund liegen" (29), sie also ihre Leuchtkraft und Schönheit verlieren und eine mit Dunkelheit, Trauer und Tod assoziierte Farbe annehmen. Dieses Bild könnte auf das Absterben der Gefühle der Ich-Erzählerin für ihren Geliebten anspielen oder in einem weiteren Sinne auf die schädlichen Konsequenzen des Fehlens eines echten Gefühls- und Gedankenaustauschs verweisen.

Verbannung der Korallen aus dem Leben der Ich-Erzählerin

Schwarze Korallen als Symbol für inneres Absterben

KURZINFO

Wasser, Meer und Versinken – Sehnsucht, Traum und Tod

- Das Meeresmotiv erschafft eine traumhafte, weltferne Atmosphäre, die für die Realitätsflucht der Urgroßmutter in ihrer Petersburger Wohnung steht.
- Von einer ähnlichen, jedoch trostloseren Atmosphäre ist auch das Zimmer des Geliebten erfüllt.
- Das Bild des Versinkens veranschaulicht einerseits die von der Urgroßmutter ausgehende Sogwirkung auf ihre männlichen Besucher, andererseits erfährt es im Hinblick auf den Ertrinkungstod der Eltern des Geliebten eine negative Ausprägung.
- Weitergeführt wird dieses Motiv mit dem Versinken des Therapeuten im Meereswasser sowie dem Ertrinkungstod des Geliebten, die jedoch beide im übertragenen Sinne zu verstehen sind.
- Der blaue Teppich im Zimmer des Therapeuten lässt sich nicht nur als Anspielung auf die Farbe des Meereswassers, sondern auf dem Hintergrund der traditionellen Bedeutung der Farbe Blau als Verkörperung unbewusster Sehnsüchte der Ich-Erzählerin deuten.

Wasser, Meer und Versinken stellen einen weiteren auffälligen Motivkomplex der Erzählung dar. So wird das Licht in der verdunkelten Petersburger Wohnung der Urgroßmutter mit dem „auf dem Grunde des Meeres" (12) verglichen. Die dort vorherrschende traumhafte, schwebende, irreale Atmosphäre spiegelt die Realitätsflucht der einsam dahindämmernden Frau, die sich eine Gegenwelt zu ihrer fremden Umgebung geschaffen hat. Auch nachdem ihr Mann zum Duell mit ihrem Liebha-

Realitätsflucht und Selbstverlust

ber aufgebrochen ist, wird noch einmal auf den Meeresgrund Bezug genommen. Dabei erscheint er als ein von den dramatischen Ereignissen unberührter, von Dunkelheit und Stille geprägter, friedlicher Rückzugsort (vgl. 17). Das Motiv des Meeresgrundes als Verkörperung des Unbewussten beinhaltet zugleich aber auch ein Element der Gefährdung und Bedrohung, der Sehnsucht nach Grenzüberschreitung, Selbstverlust und Tod.

Für die bei der Urgroßmutter vorstellig werdenden Künstler und Gelehrten ist die Petersburger Wohnung ebenfalls ein Ort, dessen düsterer Sogwirkung sie hilflos ausgeliefert sein zu scheinen. Sie nehmen „Platz auf den tiefen, weichen Sofas und Sesseln, sie s[i]nken ein in die schweren und dunklen Stoffe" (13). In dem von äußeren Einflüssen abgeschirmten Raum werden die Besucher in die angenehme, gedämpfte Welt der Urgroßmutter hineingezogen, wo sie – anders als das an die Lockungen einer Meerjungfrau erinnernde Motiv vermuten lässt – jedoch nicht den Tod erfahren, sondern ihre Gastgeberin „sich von ihnen lieben" (14) lässt.

Sogwirkung und Sinnlichkeit

Tod und Trauer

Eine Steigerung und weitaus negativere Wertung erfährt das Motiv des Versinkens durch die Erinnerung an die Zerstörungsmacht des Wassers in Form des Ertrinkungstodes, den die Eltern des Geliebten „im Sommersturm auf einem See" erleiden (vgl. 19). Dass dieser Unglücksfall das Leben des Geliebten nachhaltig beeinflusst, lässt die Schilderung der Lichtverhältnisse in seinem Zimmer vermuten, die ebenfalls das Motiv des Sees aufgreift:

> „Das Licht fiel grün durch die Bäume vor dem Fenster, es war ein wässeriges Licht, ein Licht wie es an Seen ist [...]." (20)

Bezüge zwischen den Handlungssträngen

Die hier verwendeten sprachlichen Bilder erinnern zudem an die unwirkliche Atmosphäre in der Wohnung der Urgroßmutter. Noch deutlicher werden die Bezüge zwischen den beiden Handlungssträngen der Erzählung durch die Beschreibung des Lichts im Zimmer des Geliebten als „so grau, wie es das Licht auf dem Grund eines Sees ist" (29), wobei sich die matte Haut- und Augenfarbe des Geliebten in der Umgebung zu spiegeln scheint und eine von Trostlosigkeit und Trübsinn geprägte Stim-

66

mung verbreitet. Die Ich-Erzählerin empfindet die Zeit, die sie bei ihrem schweigsamen Geliebten verbringt, denn auch als „still und wie unter Wasser" (22) und vergleicht ihre „leeren stillen Tage" (26) mit dem Leben „der Fische unter Wasser" (ebd.). In all diesen Bildern offenbart sich eine emotions- und kommunikationsarme Beziehung, die zu Stillstand und Leidensdruck führt.

Isolation und Kommunikationsmangel

Eine weitere Facette des Wassermotivs stellt der weiche, meerblaue, tiefblaue Teppich (vgl. 25) im Zimmer des Therapeuten dar, der eine sogartige Wirkung auf die Ich-Erzählerin ausübt und an die weichen Sofas und Sessel (vgl. 13) in der Wohung der Urgroßmutter erinnert. Die durch die blaue Farbe erzeugte Vorstellung unergründlicher Tiefe scheint auf das Unterbewusstsein der Ich-Erzählerin zu verweisen. Das legt auch die Tatsache, dass sich der Teppich in einer psychotherapeutischen Praxis befindet, nahe. Allgemein gilt die Farbe Blau in der Literatur aber auch als Symbol der Sinnsuche des Menschen und der Sehnsucht nach Unendlichkeit (vgl. etwa die „blaue Blume" der Romantik).

Unergründliche Tiefe und Sehnsucht

Zum Höhepunkt gelangt das Meeresmotiv schließlich mit der sinnbildlichen Überschwemmung der psychotherapeutischen Praxis. In der traumhaft-unwirklichen Versenkung der teilnahmslosen Figur des Therapeuten und des seelischen Ballasts der Ich-Erzählerin gipfelt ihr Emanzipationsprozess:

Versinken negativer Einflussfaktoren

> „Das Wasser der Weltmeere wogte in einer großen, grünen Welle über den Schreibtisch des Therapeuten und riß ihn vom Stuhl, es stieg schnell höher und trug den Schreibtisch empor, aus seinen Wellenkämmen stieg noch einmal das Therapeutengesicht auf, dann verschwand es, das Wasser rauschte, brandete, sang und stieg und schwemmte die Geschichten mit sich fort, die Stille und die Korallen, schwemmte sie zurück in die Tangwälder, in die Muschelbänke, an den Meeresgrund." (28)

Diese Textstelle fügt die verschiedenen Facetten des Motivbereichs Wasser zu einem eindringlichen Gesamtbild zusammen. Dabei wird das Auf- und Abbranden des Meeres auch auf lautmalerischer und syntaktischer Ebene rhythmisch und klanglich nachgeahmt.

Ein Nachhall der mächtigen Gewalt der Wassermassen ist bei der letzten Begegnung der Ich-Erzählerin mit ihrem Geliebten spürbar, dessen „wassernasse[s] Bett" (29) ebenfalls als Indiz eines Ertrinkungstodes zu werten ist, der wohl jedoch der Vorstellungskraft der Ich-Erzählerin entspringt und symbolisch die Endgültigkeit ihrer Trennung zum Ausdruck bringt.

Trennung vom Geliebten

KURZINFO

Kälte und Staub – Emotionslosigkeit und Vergänglichkeit

- Das Motiv der Kälte veranschaulicht zum einen das Leiden der Urgroßmutter an fehlender menschlicher Zuwendung, zum anderen die emotionale Starre des Geliebten.
- Dessen lebensmüde und depressive Haltung wie auch seine Abschottung von der Außenwelt werden im Motiv des Staubs deutlich.
- Dieses Motiv dient auch dazu, die durch den Geliebten verursachte Apathie der Ich-Erzählerin sinnbildlich darzustellen.

Als dritter Motivbereich treten Wärme und Kälte auf. Dieser ist zum Ersten durch den Beruf des Urgroßvaters präsent, der „Öfen für das russische Volk" (12) baut, seine Ehefrau jedoch emotional im Stich lässt. Ihr Schmerz wird nicht nur durch ihre „kalten Hände" (14), sondern auch durch ihre „fröstelnde Seele" (ebd.) offenbar, die sie „an den glühenden Herzen ihrer Liebhaber" (ebd.) wärmt. Ebenso ist die Wohnung der unter fehlender menschlicher Nähe und der Vernachlässigung durch ihren Ehemann leidenden Urgroßmutter durch eine niedrige Temperatur gekennzeichnet. Die als „kühl wie das Meer" (13) charakterisierten Zimmer verleihen also auch der emotionalen Befindlichkeit ihrer Bewohnerin Ausdruck.

Kälte als Symbol fehlender menschlicher Zuwendung

Weitergeführt wird dieses Motiv mit der „kalte[n] Hand" (19) des Geliebten der Ich-Erzählerin, der mit starken psychischen Problemen zu kämpfen hat und daher unfähig ist, der Ich-Erzählerin emotionale Wärme zu schenken. Dies spiegelt sich ebenso in seinem als „kalt und staubig" (20) beschriebenen Zimmer. Dessen Schilderung lässt zunächst ganz profan an Vernachlässigung und Schmutz denken, erweitert sich dann aber mit der Nennung des Friedhofs (vgl. 20) und der „Totenglöckchen" (ebd.) sowohl akustisch als auch visuell zu einer Anspielung auf Vergänglichkeit und Tod.

Kälte als Symbol von Gefühlsstarre

Das traditionelle Motiv des Memento mori („Gedenke des Todes") findet sich auch in der Antriebslosigkeit und Lethargie des Geliebten, der seinen Körper betrachtet, „als wäre er schon tot" (ebd), und sein Leben in stummer Reglosigkeit auf seinem Bett verbringt (vgl. 21–24). Entsprechend treiben „Staubflocken […] durch das Zimmer" (20), „umsp[i]nnen" (22) die Tür und schaffen eine Art Kokon, der an ein Spinnennetz erinnert und die Abschottung des Geliebten von anderen Menschen versinnbildlicht. Durch das Einatmen „einige[r] Staubflocken in einem kleinen Strom" (24) findet gar eine körperliche Vereinigung des Geliebten mit dem Staub statt. Bei der letzten Begegnung mit der Ich-Erzählerin bemerkt diese das Zittern der „in seinem Haar […] verfangen[en]" (29) Staubflocken, die im Gegensatz zu dem reaktionslosen Mann nervöse Unruhe vermitteln.

Staub als Symbol für Tod und Vergänglichkeit

Die lebensmüde Grundstimmung des Geliebten beeinflusst auch die Ich-Erzählerin, wie sich vor allem daran zeigt, dass sich der Staub um ihre Fußgelenke webt (vgl. 22), sie sich auf dem Boden kauernd völlig in ihren eigenen Gedanken verliert und kein Gespür mehr für die Dauer ihres apathischen Zustandes hat (vgl. ebd.). Selbst die Erscheinung der Urgroßmutter vermag „durch den Staub" (ebd.) kaum zu ihr durchzudringen, wenngleich „die Staubflocken […] durch ihr Klopfen in Bewegung geraten" (23), die Ich-Erzählerin also wohl für einen kurzen Moment den Abbruch ihrer Beziehung zu Isaak Baruws Urenkel in Betracht zieht. Nachdem sie sich entschieden hat, weiterhin bei ihm auszuharren, ballt sich der Staub erneut zu einem „dichten Flaum" (ebd.). Im Kontrast dazu treiben „die Staubflocken hinaus wie Seifenblasen" (25), als die Ich-Erzählerin sich im Streit um den Besuch beim Therapeuten von ihrem Geliebten trennt. Sie verdeutlichen also das Aufbrechen der klaustrophobischen Zweierbeziehung, das von einem Aufspringen der Fenster und frischem Wind (vgl. 24), der Öffnung zur Außenwelt, begleitet ist. Untermalt wird diese traumhafte Szenerie vom heftigen Läuten der Totenglöckchen des Friedhofs (vgl. 24 f.), die paradoxerweise den Aufbruch der Ich-Erzählerin aus der todesähnlichen, lebensfeindlichen Welt ihres Geliebten zurück ins Reich der Lebenden anzukündigen scheinen.

Staub als Symbol des Gefangenseins in Apathie

„Hurrikan (Something farewell)"

KURZINFO

Der Wirbelsturm – Bedrohung und dynamisches Potenzial
- Das Herannahen des Hurrikans führt zu einer beklemmenden Atmosphäre, die durch die isolierte Insellage verstärkt wird.
- Die klimatisch bedingte Starre geht mit der Entwicklungslosigkeit der Figuren einher.
- Christine hofft, dass der Wirbelsturm die allgemeine Stagnation beendet.
- Kaspar sieht in dem Hurrikan eine Chance zur Bewährung gegenüber den Einheimischen in seiner neuen Wahlheimat.
- Eine Veränderung der Lebensverhältnisse tritt jedoch nicht ein, der Sturm zieht vorbei.
- Auch der auf einen Song von Harry Belafonte anspielende Klammer-zusatz im Titel der Erzählung lässt sich als Abschied von einer Lebens-utopie interpretieren.

Beklemmende
Atmosphäre

Der bereits im Titel erwähnte „Hurrikan" kann als Leit-motiv der Erzählung gelten. Das zerstörerische Poten-zial eines tropischen Wirbelsturms verleiht der gesam-ten Handlung eine beklemmende Note und ist im Hintergrund als unsichtbare Bedrohung stets präsent. Während die Warnmeldungen zu Beginn nur „vier Mal am Tag" (31) über das Radio gesendet werden, steigert sich die Anzahl bald auf „zwölf am Tag" (41). Eine Natur-katastrophe größeren Ausmaßes erscheint also immer wahrscheinlicher. Die Tatsache, dass die isolierte Insella-ge eine Flucht vor dem Hurrikan erheblich erschwert beziehungsweise zu einem späteren Zeitpunkt eventu-ell unmöglich macht, verstärkt den psychischen Druck auf die Einwohner und Gäste der Insel erheblich.

Fehlende
Entwicklung der
Figuren

Die in Verbindung mit der Wetterlage erwähnte „tropi-sch[e] Depression" (32) und der durch die „bewegungslos dicke[n] und weiße[n] Wolken" (ebd.) vermittelte Eindruck bedrückender Stagnation lässt sich auch als Analogie für ein durch Leere, Monotonie und Tristesse geprägtes Lebensgefühl verstehen, das in der Erzählung ebenso stets gegenwärtig scheint. So wird etwa auf Cats „Bewe-gungslosigkeit" (35) verwiesen oder Christine als „ge-langweilt" (38) beziehungsweise „traurig" (44) charakte-risiert, und die Beziehungen der Figuren untereinander entwickeln sich nicht weiter.

Im Kontrast zu dieser Starre steht die destruktive Dynamik des Hurrikans, dessen Eintreffen besonders Christine trotz der damit verbundenen elementaren Gefährdung herbeisehnt:

> „Ich will, daß er kommt', sagt Christine am Fuß des Hügels sitzend [...]. ‚Ich will, daß der Hurrikan kommt, verdammt noch mal.'" (50)

Herbeisehnen des Hurrikans

Kaspar verbindet mit dem Wirbelsturm die Aufgabe, den Einwohnern der umliegenden Dörfer Zuflucht zu bieten (vgl. 31), und bleibt wohl vor allem deshalb auf der Insel. Für den Ernstfall wappnet er sich unter anderem durch das Aufstocken seiner Vorräte (vgl. 41). Ob die Rolle eines Schutzherrn der Einheimischen nur sein Selbstwertgefühl stärken soll, bleibt offen. Christines Haltung gegenüber dem Hurrikan deutet Kaspar empört als naive Sensationsgier wie auch als Wunsch, einer bewussten Entscheidung hinsichtlich einer Verlängerung ihres Inselaufenthalts, und damit ihres Verhältnisses zu Cat, aus dem Weg zu gehen. Gleichzeitig unterstellt er ihr den Missbrauch seiner Gastfreundschaft:

Pragmatische Vorkehrungen für den Ernstfall

> „Wenn er kommt, wirst du dir in die Hosen scheißen, verdammt noch mal', [...]. ‚Du wirst flennen und kreischen. Ein Hurrikan ist keine Sensation. Ein Hurrikan ist fürchterlich, du willst, daß er dir alle Entscheidungen abnimmt, aber nicht auf Kosten der Insel, nicht auf meine Kosten.'" (51)

Entgegen Christines Behauptung steht ihrem planmäßigen Abflug jedoch nichts im Wege, wie Kaspar aufdeckt, da das Eintreffen des Hurrikans erst nach dem Abreisetermin zu erwarten ist (vgl. 51). Dass der Wirbelsturm letztlich an der Insel vorbeizieht (vgl. 54), ist dabei symptomatisch für die Gesamtsituation der Figuren, die ihre Zeit hauptsächlich darauf verwenden, passiv auf eine einschneidende Lebensveränderung zu warten. Da sie diese aber zugleich fürchten und keine konkreten Schritte zu deren Verwirklichung unternehmen, ist deren Eintreten jedoch wenig wahrscheinlich.

Ergebnisloses Warten

Bedeutsam ist in diesem Zusammenhang auch der Klammerzusatz im Titel der Erzählung, „Something farewell" (31), eine intertextuelle Anspielung auf den Harry-Belafonte-Song „Jamaica Farewell" (vgl. 45) aus dem Jahr 1957.

Während das Lied den Abschied eines Seereisenden von seinem Mädchen thematisiert, bezieht sich der im Titel der Erzählung erwähnte Abschied in Verbindung mit dem englischen Indefinitpronomen auf etwas nicht näher Bestimmtes. Das lässt sich als Hinweis auf die melancholische Atmosphäre der Erzählung deuten. Dabei steht nicht das Verlassen eines konkreten Ortes im Vordergrund, sondern der Abschied von einer Stimmung, einem Gedanken oder Lebenskonzept. Gleichzeitig unterstreicht die in der vagen Formulierung mitschwingende Ungewissheit und Beliebigkeit die Orientierungslosigkeit der Figuren, die sich ihrer Handlungsmotive und -möglichkeiten allenfalls bruchstückhaft bewusst sind. Neben einer engeren Interpretation des Klammerzusatzes, die auf die Heimreise Christines und die damit verbundene räumliche Trennung von Cat abhebt, lässt sich daher auch eine offenere Deutung rechtfertigen, die das Ende des Traums von einer alternativen Lebensweise oder einer unbestimmten Sehnsucht in den Blick nimmt.

Abschied von einem anderen Leben

KURZINFO

„Sich so ein Leben vorstellen" – Imaginierte Welten
- Die Insel Jamaika wird in der Erzählung als idyllisches Naturparadies präsentiert.
- Auch das Gedankenspiel Noras und Christines entwirft ein idealisiertes Bild eines einfachen und glücklichen Lebens auf Jamaika.
- Durch die stereotypen Charakterisierungen Brentons und Cats offenbart sich die Sehnsucht der Freundinnen nach klar definierten, traditionellen Geschlechterrollen.
- Im direkten Gegenüber ist Christine jedoch nicht zu einer Entscheidung für ein Leben mit Cat in der Lage.
- Sie bevorzugt die gedankliche Flucht in eine einfache und berechenbare Welt und geht damit möglicherweise einer konfliktgeladenen und komplizierten Wirklichkeit aus dem Weg.

Mit ungestillten Sehnsüchten steht auch das Spiel in Verbindung, mit dem Nora und Christine sich rauchend und Rum-Cola trinkend während der abendlichen Aufenthalte bei Brenton beschäftigen: „Sich-so-ein-Leben-vorstellen" (31). Dabei wird dem Schauplatz Jamaika wie im Folksong von Harry Belafonte ein geradezu paradiesischer Charakter zugeschrieben, der auch anderweitig in der Schilderung der exotischen, äußerst üppigen Flo-

Jamaika als zivilisationsfernes Paradies

ra und Fauna in Erscheinung tritt. So ist etwa von „Zitronen groß wie Kindsköpfe" die Rede oder von märchenhaft wirkenden „Spinnen, die wie Frösche durchs Zimmer hüpfen" (34). Auch in Einzelheiten der Szenerie von Noras und Christines Spiel spiegelt sich ein friedliches, idyllisches Bild der Muße und Unschuld: „Gut ist es, ein kleines, schlafendes Inselkind auf dem Schoß zu haben, dessen Haar nach Sand riecht." (31)

Die Darstellung einer Insel als Ort, der von den negativen Folgen der Zivilisation unberührt scheint, steht in einer langen literarischen Tradition und geht oft mit dem Entwurf einer utopischen Gesellschaft einher. Zugleich haftet den Eindrücken der beiden Freundinnen jedoch etwas Vorgefertigtes, Versatzstückhaftes an, erinnert die stereotype Szenerie in ihrer Gestaltung doch stark an einen Reiseprospekt oder Werbespot (vgl. Sander 2015, S. 81).

Nora und Christine skizzieren in ihrem Gedankenspiel ein idealisiertes Bild des Insellebens im Einklang mit der Natur, eines schlichten Glücks im Alltag ohne jeden Komfort, das nicht von materiellen Gütern, sondern den imaginierten Qualitäten Cats und Brentons abhängt (vgl. 48–50). Die fiktive Beziehung zwischen Christine und Cat beschreibt Nora unter Verwendung archaischer Vorstellungen von Männlichkeit, die vor allem physische Stärke und Geschicklichkeit betonen. Kommunikation zwischen den Partnern spielt nicht zuletzt wegen fehlender Gemeinsamkeiten dabei so gut wie keine Rolle:

Einfachheit, Naturnähe und traditionelle Rollenbilder

> „Natürlich redet ihr nicht miteinander, was sollst du auch reden mit Cat. Er ist der beste Ziegenschlachter, der stärkste Arbeiter, er hat eine Hütte in den Bergen und ein bißchen Geld unter der Matratze. Das ist viel. Du bist ganz glücklich mit ihm, auch, weil die Frauen im Dorf dich um ihn beneiden." (51)

Demgegenüber entwirft Christine das Bild von Brenton als einem arbeitsamen, gutherzigen und zärtlichen Mann, der Nora über alles liebt:

> „Brenton ist ein guter Mann. Er verkauft Rum, Zigaretten, Brot, Pflaster, Papier und Stifte. Die Leute sagen, er hätte eine Menge Geld unter der Matratze, du wirst das wissen. Brenton

ist sanft, er hat sich noch nie mit jemandem geschlagen; die Leute sagen auch, du hättest ihn unter dem Schuh. Wie auch immer – er liebt dich sehr […]." (49)

Cat und Brenton dienen hier als Projektionsfläche unerfüllter Wünsche der beiden Freundinnen, die sich trotz einer gewissen Abgeklärtheit nach einem überschaubaren, von immergleichem, langsamen Rhythmus bestimmten, berechenbaren Leben mit klar definierten, tradierten Rollenbildern zu sehnen scheinen. Dabei lässt das Verhalten der beiden jungen Frauen (vgl. 50) darauf schließen, dass ihnen der wirklichkeitsfremde Charakter ihrer klischeehaften Vorstellungen durchaus bewusst ist. Sander (2015, S. 84) schließt daraus auf „die Akzeptanz einer erstarrten Bilder- und Vorstellungswelt, die eigene Entwürfe und Erfahrungen apriori unmöglich erscheinen" lasse.

Als Cat Christine an ihrem letzten Abend auf dem Platz vor Brentons Laden tatsächlich küsst, zieht sich „das ,Sich-so-ein-Leben-vorstellen'-Spiel […] durch ihre Gedanken, wie ein heller und roter Streifen Papier" (53), durchdringt also die Wahrnehmung des gerade Erlebten. Diesen Moment könnte man als das Kernerlebnis oder einen, wenn auch unspektakulären, Höhepunkt der Begegnung zwischen Cat und Christine bezeichnen. Diese ist damit innerhalb der Erzählung gleichzeitig an ihr Ende gekommen, da sich Christine wegen Cats familiärer Verpflichtungen nicht entscheiden kann, ob und wie sie mit der Realisierung ihrer unausgesprochenen Wünsche umgehen soll. Zum Problem werden also vor allem „die Unverbindlichkeit und die Inkompabilität der individuellen Wunschwelten, das Aneinanderstoßen unterschiedlicher Erwartungen und die unterschätzten Wirklichkeitseffekte, die sich daran knüpfen" (Borgstedt 2006, S. 215).

Zwischen Gedankenspiel und tatsächlichem Erleben

74

KURZINFO

Fliegen und Fahren – Freiheit und Bewegung
- Der Drachenflieger steht für den Wunsch nach Freiheit und Loslösung aus bestehenden Bindungen.
- Den entscheidenden Moment der Drachenflugvorführung versäumen jedoch alle Zuschauer vor Kaspars Haus außer Cat.
- Nicht eingelöste Hoffnungen werden auch im Zusammenhang mit einem Frachtschiff als Symbol der Lebensreise thematisiert.
- Nora entlarvt Christines Wunsch nach der Mitfahrt auf diesem Frachter als Illusion.

Auch das Motiv des Drachenflugs eröffnet vielschichtige Interpretationsmöglichkeiten, stellt das Fliegen im übertragenen Sinne doch eine Loslösung von persönlichen und gesellschaftlichen Bindungen dar und wird meist mit dem Streben nach Unabhängigkeit und Freiheit sowie der Überschreitung von Grenzen, auch im metaphysischen Sinn, in Verbindung gebracht. Dass sich anlässlich des angekündigten Drachenflugs „die Dorfgemeinschaften von Stony und Snow Hill [...] auf der Veranda" (39) von Kaspars Haus versammeln, lässt darauf schließen, dass es sich dabei um ein eher seltenes – und daher bedeutsames – Ereignis handelt. Dies wird auch durch Kaspars Ankündigung gegenüber Christine, „morgen kommt der Drachenflieger'" (ebd.), unterstrichen.

Fliegen als Loslösung von Bindungen

Dennoch versäumen fast alle Zuschauer letztlich den entscheidenden Moment, in dem es dem „Flyman" (40) gelingt, abzuheben und den Hügel zum Hafen hinunter zu gleiten. Nach dem ersten missglückten Flugversuch bleibt nur Cat auf der Veranda zurück, während allen anderen offenbar die Geduld fehlt, noch länger zu warten, daher sieht „[n]ur Cat [...] ihn verschwinden, kleines Flügelpaar über den Bäumen, das Sonnenlicht fängt sich in einem Stahlstreben, es glitzert kurz, dann ist er fort, verschmolzen mit dem Blau des Meeres" (41). Auch diese Situation veranschaulicht also eine unerfüllte Hoffnung bzw. Sehnsucht.

Versäumen des entscheidenden Moments

75

Der Frachter als
Bild für die
Lebensreise

Im Zusammenhang mit Cats Beobachtung des Drachen-flugs wird erstmals der „weiß[e] Bananenfrachter" (41) erwähnt, „der nach England fahren wird" (ebd.). Das Schiff steht als literarischer Topos nicht nur allgemein für Fortbewegung und Reisen, sondern häufig auch als Bild für den Lebensweg, die Lebensreise des Menschen. In Judith Hermanns Erzählung erscheint der Bananen-frachter zudem als weiteres Motiv, an dem die gedank-liche Flucht aus dem eigenen Leben erprobt wird, wie Christines Reaktion auf das Schiff verdeutlicht:

> „‚Die fahren nach Costa Rica und Kuba', sagt Christine. ‚An Amerika vorbei nach Europa, ich würde gerne mal reisen auf so einem Schiff. Jetzt.'" (44)

Durch diese Vorstellung emotional stark berührt, erwägt sie sogar, die Matrosen zu fragen, ob Nora und sie mit-fahren könnten (vgl. ebd.), doch die Freundin entlarvt Christines Vorschlag als naive Illusion:

Imaginierte
Flucht aus dem
eigenen Leben
als Illusion

> „Das hier nennt man Urlaub. Eine Reise, verstehst du? Nichts mehr. […] Du kommst und bleibst und fährst wieder, und was dich traurig macht, ist ganz was anderes. Du wirst nach Hause fliegen, bald, und wir werden nicht mit dem Bananenfrachter nach Kuba und nach Costa Rica fahren." (Ebd.)

Offen bleibt in diesem Kontext der eigentliche Grund für Christines melancholische Sehnsucht.

Sprache und Erzählperspektive

Nähe zur Alltagssprache

KURZINFO

Reduktion und Wiederholung sprachlicher Strukturen

- Schlichtheit und Reduktion sind stilbildende Merkmale der Sprache Judith Hermanns.
- Nebengeordnete Satzglieder und Sätze, meist nicht durch Konjunktionen miteinander verbunden, reihen die Ereignisse aneinander, ohne logisch-kausale Erklärungsmuster zu liefern.
- Eine ähnliche Wirkung erzielen zahlreiche Aufzählungen und Wiederholungen.
- Kennzeichnend für Hermanns Sprachstil sind zudem Anaphern (Wiederholungen eines oder mehrerer Wörter am Satzanfang), die häufig die Konzentration auf das eigene Ich sowie die Distanz zwischen den Figuren betonen.
- Ein besonders auffälliges Beispiel für die hohe Anzahl an Wiederholungen ist das neutrale Verb „sagte", das der Einleitung direkter Rede dient.
- Formulierungen im Konjunktiv dienen der Vermittlung von Distanz und Unsicherheit.
- Adjektive werden eher sparsam eingesetzt und haben teils eine relativ vage Bedeutung, wie etwa das häufige „schön".

Wenn sich in „Rote Korallen" auch Passagen märchen-haft-poetischen Erzählens finden, so ist Judith Hermanns Sprachstil doch tendenziell durch große Schlichtheit und spürbare Nähe zur Alltagssprache gekennzeichnet. Der nüchtern-deskriptive Sprachduktus entfaltet seine Wirkung vor allem durch die Auslassungen und Leerstellen des Textes sowie die Häufigkeit von Feststellungen, die unter ihrer oft eigentümlich unbewegten Oberfläche aufwühlende Emotionen erahnen lassen:

Schlichter, oft alltagssprachlicher Stil

> „Hinter klaren Aussagesätzen wird etwas versteckt, was niemand genauer benennen kann. Aber daß da etwas auf sehr bewußte Art und Weise versteckt wird, teilt sich deutlich mit. [...] Diese Sprache riskiert nicht viel [...]; das Eigenartige dieser Sprache liegt in ihrer Konzentration. Sie ist alltäglich und vermittelt doch etwas Irritierendes." (Böttiger 2004, S. 289 f.)

Dass sich hinter Judith Hermanns Stil auch eine gehörige Sprachskepsis verbirgt, zeigt folgende Aussage: „Ich habe das Gefühl, dass die Worte immer weniger tragfähig sind, immer zweideutiger werden, rissig sind und nicht ausreichen, etwas zu formulieren." (Prangel 2001) Diese Haltung spiegelt sich in der sprachlichen Reduziertheit ihrer Erzählungen, die in der Literaturkritik durchaus eine ambivalente Wertung erfahren hat.

Parataktische Reihungen ohne die sprachliche Ausgestaltung logisch-kausaler Zusammenhänge

Auf der Ebene der Syntax fällt vor allem die ausgeprägte Neigung zu nebengeordneten Reihungen auf, die häufig ohne Konjunktionen oder unter Verwendung der additiven, semantisch eher unbestimmten Konjunktion „und" gestaltet sind, also auf die Herstellung logisch-kausaler Zusammenhänge verzichten. Stattdessen werden die Eindrücke und Beobachtungen der Figuren sowie der Erzählinstanz oft wie fotografische Momentaufnahmen in Hauptsätzen nebeneinander montiert. Dieses Phänomen ist in allen drei vorliegenden Erzählungen zu beobachten. In „Sommerhaus, später" berichtet die Ich-Erzählerin beispielsweise von einer Taxifahrt mit Stein:

> „Mein Kopf war völlig leer, ich fühlte mich ausgehöhlt und in einem seltsamen Schwebezustand, die Straße vor uns war breit und naß vom Regen, die Scheibenwischer schoben sich über die Windschutzscheibe, vor – zurück." (141)

Für „Rote Korallen" lässt sich exemplarisch etwa folgende Textstelle anführen:

> „Meine Urgroßmutter winkte sie mit müder, schmaler Hand herein, sie sprach wenig, sie verstand kaum etwas, sie schaute unter schweren Lidern langsam und verträumt." (13)

Die Erkundung der Insel durch Nora und Christine in „Hurrikan" wird wie folgt beschrieben:

> „Sie trinken am Morgen ungesüßten, schwarzen Kaffee, rauchen fünf Craven-A-Zigaretten hintereinander, schnorren Kaspar um Wassernüsse an, wollen immer irgend etwas machen, rennen die Wiese hinunter, bleiben verschwunden." (35)

Beiläufigkeit von Aufzählungen

Einen ähnlichen Eindruck unaufgeregter Beiläufigkeit erzeugen Aufzählungen, wie etwa im Fall der geschilderten tropischen Vielfalt von Pflanzen und Früchten: „Kokosnüsse, Wassernüsse, Lianen, Azaleen" („Hurrikan", 34). Die Zahl der Liebhaber der Urgroßmutter wird in „Rote Korallen" allein durch die Auflistung ihrer Geschenke angedeutet, „die Brosche von Grigorij, der Ring von Nikita, die Perlen und Samtbänder von Alexej, die Locken von Jemeljan, die Medaillons, die Amulette und Silberreife von Michail und Ilja" (15). Auch in „Sommerhaus, später" finden sich Aufzählungen, beispielsweise zur Vermittlung der negativ konnotierten visuellen Eindrücke des schäbigen Ortes Canitz:

> „Graue, geduckte Häuser auf beiden Seiten der gekrümmten Landstraße, Bretterverschläge vor vielen Fenstern, kein Laden, kein Bäcker, kein Gasthaus." (147)

Hinzuweisen ist des Weiteren auf die hohe Anzahl an Wiederholungen am Satzanfang in „Sommerhaus später", nicht selten unter Einsatz von Personalpronomina, wie etwa „Ich stand still. Ich verstand nichts" (151). In der wiederholten Verwendung von „ich" spiegelt sich sowohl das Unvermögen der Ich-Erzählerin, sich ernsthaft auf Stein einzulassen, als auch ihr Kreisen um die eigene Befindlichkeit und ihre Passivität. Analog wird ihre Distanz gegenüber dem Taxifahrer durch dessen wiederholte Bezeichnung als „er" zum Ausdruck gebracht, wie z. B. „Er hörte auf. Er schwieg" (151). Überdies fällt auf, dass nur wenige Stellen der Erzählung die Gemeinsamkeit einzelner Handlungen oder Erlebnisse durch ein „wir" betonen. Eine dieser Ausnahmen bildet die erotisch aufgeladene Gleichzeitigkeit der Atembewegungen Steins und der Ich-Erzählerin, die auf seinen unvermittelt einsetzenden Aggressionsausbruch in Canitz folgt: „[...] wir schauten uns an, wir atmeten heftig und fast im gleichen Rhythmus." (151)

Anaphern zum Ausdruck von Distanz und Nähe

Häufige Wortwiederholungen am Satzbeginn kennzeichnen ebenfalls die Sprache in „Rote Korallen". So vermittelt etwa der Wechsel zwischen „Mein Urgroßvater" und „Meine Urgroßmutter" die Abfolge zwischen Aktion und Reaktion während des gemeinsamen Abendessens (vgl. 15 f.), ohne zwischen beidem einen klaren Zusammenhang herzustellen. Auf diese Weise werden die Beziehungslosigkeit und Entfremdung der Figuren sprachlich gestaltet. Die Verwendung der Possessivpronomina unterstreicht zudem, dass beide Personen vor allem wegen ihrer Verwandtschaft mit der Ich-Erzählerin und ihrer Verquickung mit deren Schicksal von Bedeutung sind. Ähnlich gestaltet sich ein Dialog über Cats familiäre Bindung in „Hurrikan", in dem „Kaspar" und „Christine" ihre Positionen abwechselnd verdeutlichen (vgl. etwa 42).

Wiederholungen tragen jedoch nicht nur am Satzanfang zur besonderen Rhythmik von Judith Hermanns Prosa bei. Nicht zu übersehen ist insbesondere der Gebrauch des Verbes „sagen", das in allen drei Erzählungen fast durchgängig zur Einleitung der direkten Rede eingesetzt wird. Exemplarisch lässt sich dies beispielsweise an einem Auszug aus „Sommerhaus, später" veranschaulichen: „Stein drehte sich plötzlich irr zu mir herum und sagte: ‚Was?', ich sagte ‚Nichts.'" (150) Das neutrale, weder positiv noch negativ konnotierte Verb „sagte" liefert wie hier auch anderer Stelle einen entscheidenden Beitrag zu dem abgeklärten, emotionsarmen und lakonischen Tonfall der Erzählungen.

Neutrale Einleitung der direkten Rede

Dieser wird in „Rote Korallen" auch durch die häufige Verwendung der indirekten Rede in Verbindung mit dem Konjunktiv unterstützt, wie etwa die Wiedergabe des Inhalts der Briefe des Urgroßvaters (vgl. 15) oder seiner russischen Erklärungen gegenüber der Ehefrau nach seiner Rückkehr (vgl. 16) zeigen. Dabei unterstreicht die indirekte Rede vor allem auch die fehlende Nähe zwischen beiden. Darüber hinaus deutet der Konjunktiv vielfach die Unsicherheit der Ich-Erzählerin an, wenn sie beispielsweise ihre enttäuschten Hoffnungen gegenüber ihrem Geliebten thematisiert:

Gehäufter Einsatz des Konjunktivs

> „[...] ich dachte, ich könne ihn trösten mit den Petersburger Geschichten, ich dachte, er könne sie mir erzählen, noch einmal neu." (19)

Des Weiteren sind die Erzählungen geprägt durch eine relativ geringe Dichte an Adjektiven sowie die Konzentration auf verhältnismäßig wenige, semantisch oft eher unscharfe Eigenschaftszuschreibungen. Häufig findet sich in „Sommerhaus, später" etwa das Adjektiv „schön", mit dem die Ich-Erzählerin unter anderem auf die Attraktivität Steins (vgl. 142), die ästhetisch ansprechende Wirkung der Kirche und des alten Gutshauses in Canitz (vgl. 148) sowie die kryptischen Botschaften Steins auf

Geringe Adjektivdichte

seinen Postkarten (vgl. 155) Bezug nimmt. Auch werden die Urgroßmutter der Ich-Erzählerin (vgl. 11) sowie die „Häuser des Malyj-Prospekts" (11) oder der Klang des Wortes „Blomesche Wildnis" in „Rote Korallen" (13) als „schön" bezeichnet.

Beschreibung statt Reflexion

KURZINFO

Die Ich-Erzählerin in „Sommerhaus, später"
- Die Ich-Erzählerin in „Sommerhaus, später" vermag ihren eigenen emotionalen Schutzpanzer nicht zu durchbrechen.
- Daher verharrt sie sowohl sich selbst als auch Stein gegenüber in einer beobachtenden Grundhaltung und beschreibt innere wie äußere Handlung, ohne diese zu reflektieren.

Zu den Eigenheiten von Judith Hermanns Erzählungen gehört die beobachtende, beschreibende Grundhaltung der jeweiligen Erzählinstanz bzw. -figur, die – unabhängig vom Grad ihrer Verwicklung in das erzählte Geschehen – weder die Motive und Handlungsweisen der Figuren kritisch hinterfragt noch zu tieferen Einsichten in mögliche Kausalzusammenhänge oder die Struktur der jeweiligen Beziehungsgefüge gelangt. Stattdessen wird der innere Aufruhr der Figuren häufig durch subtile sprachliche Signale angedeutet, die es dem Leser bei genauem Lesen ermöglichen, die scheinbare Regungslosigkeit der Figuren zu durchschauen und deren Verlorenheit und Verletzlichkeit zu erspüren. Judith Hermann erklärt dieses Phänomen als eine Art Selbstschutz der Figuren:

Deskriptive Grundhaltung der Erzählerin

> „Die Figuren haben dann gewissermaßen einen Panzer um sich, was dann oft dazu führt, dass man sie beim ersten Lesen als so emotionslos, verantwortungslos und ohne Widerstand, so kühl und fast schon zynisch empfinden kann. Aber das sind sie nicht wirklich. Sie sind es an der Oberfläche, und das ist der Weg, auf dem sie durchs Leben gehen und die Dinge aushalten können. Darunter aber sind sie aufgebrochen und empfindsam, haben den Wunsch und die Sehnsucht nach einem ganz anderen Leben." (Prangel 2001)

Das gilt etwa für die Ich-Erzählerin in „Sommerhaus, später", die trotz des über das epische Präteritum vermittelten zeitlichen Abstands zwischen erzählendem und erlebenden Ich zu einer Reflexion ihrer Beziehung zu Stein nicht willens oder fähig ist. Gelegentlich eingestreute Kommentare wie „Ich zündete mir eine Zigarette an, wie immer, wenn Stein irgendwie auftrat und mir also wenig einfiel" (139) liefern allenfalls einen oberflächlichen Einblick in die Psyche der Ich-Erzählerin, die zwar ihre eigenen Gedanken und Gefühle registriert, eine schmerzhafte Auseinandersetzung damit aber vermeidet. Sie unternimmt auch keinen Versuch, Steins Emotionen zu deuten, sondern beschränkt sich selbst im entscheidenden Moment ihres Gesprächs über seinen Hauskauf auf die beobachtende Feststellung seiner Aussagen und Handlungen, wie das folgende Beispiel verdeutlicht: „Stein schnickte seine Zigarette in den Schnee, sah mich nicht an, sagte: ‚Was soll ich dir denn sagen.'" (152)

Fehlende Reflexion der Ich-Erzählerin

KURZINFO

Die Ich-Erzählerin in „Rote Korallen"

- Auch die Ich-Erzählerin in „Rote Korallen" verhält sich häufiger als beobachtende und seltener als wertende oder kommentierende Erzählinstanz.
- Ihre Identifikation mit der Urgroßmutter spiegelt sich in der Gestaltung der Erzählperspektive, bei der stellenweise eine Verschmelzung des Blickwinkels beider Figuren erfolgt.
- Dennoch wird auch in dieser Erzählung an vielen Stellen das Verfahren der Aussparung eingesetzt, das sich auf die Beschreibung beobachtbarer Vorgänge beschränkt.
- Ihren eigenen Grundkonflikt vermag die Ich-Erzählerin dennoch ausdrücklich zu benennen und letztlich auch aktiv Konsequenzen daraus zu ziehen.
- Besonders gegen Ende der Erzählung sind Ansätze einer Reflexion der Ich-Erzählerin hinsichtlich ihrer Beziehung zu ihrem Geliebten erkennbar.

Wenngleich sich „Rote Korallen" durch den Einsatz selbstbezüglicher Erzählstrategien, einen komplexeren Aufbau sowie die Verwendung fantastischer Elemente auf den ersten Blick deutlich von „Sommerhaus, später" unterscheidet, wirkt doch auch hier die Ich-Erzählerin häufig eher als Zuschauerin denn als Akteurin. Dieser Eindruck verstärkt sich durch die Tatsache, dass weite Teile der Erzählung das Schicksal der Urgroßmutter und den desolaten Zustand des Geliebten in den Mittelpunkt rücken, über die Ich-Erzählerin selbst aber nur wenig bekannt wird. Dabei zeigt sich die Identifikation der Ich-Erzählerin mit der von ihr geschilderten Geschichte der Urgroßmutter in der Konzentration auf deren Blickwinkel. Stellenweise scheint sie die Perspektive und die Wahrnehmungen ihrer Urgroßmutter völlig zu übernehmen, wie etwa im folgenden Beispiel erlebter Rede:

Konzentration auf die Perspektive der Urgroßmutter

> „Sie ließ sich müde zurücktauchen ins Dämmerlicht und legte sich müde auf eines der Sofas, sie sagte: ‚Blomesche Wildnis, Blomesche Wildnis‘, es klang wie ein Kinderlied, es klang wie ein Schlaflied, es klang schön." (13)

Im Kontrast dazu werden die Handlungen des Urgroßvaters nur aus der Außenperspektive vermittelt:

> „Mein Urgroßvater starrte auf das Korallenarmband. Er legte die Reste seiner Pelmeni auf den Teller zurück, wischte sich die Hände an der Leinenserviette ab und winkte das Hausmädchen aus dem Zimmer. Er sagte auf deutsch: ‚Was ist das.'" (16)

Nichstdestotrotz lässt sich am Beispiel der Urgroßmutter auch das für die Autorin typische Verfahren der Aussparung beobachten, wenn beispielsweise der innere Konflikt der Urgroßmutter angesichts der Rückkehr ihres Ehemannes mithilfe der Darstellung äußerer Vorgänge und Beobachtungen vermittelt wird:

> „Meine Urgroßmutter legte die Haarbürste in ihren Schoß. Sie schloß sehr lange die Augen. Sie machte die Augen wieder auf nahm das rote Korallenarmband aus dem Kästchen heraus und band es sich um ihr linkes Handgelenk." (15)

Aussparung innerer Handlung

Interessant erscheint ebenso, dass die Ich-Erzählerin, die in der Rahmenerzählung auch als erlebendes Ich fungiert, das Verhalten ihres Geliebten allenfalls implizit durch die Betonung seiner Leblosigkeit und seiner Ähnlichkeit mit einem Fisch bewertet, dieses ansonsten jedoch kommentarlos beschreibt:

> „Er drehte sich wieder von mir weg und seufzte tief, er trat mit den Füßen zweimal gegen die Wand, dann lag er still." (24)

Vermehrt finden in diesem Teil der Erzählung andererseits auch Gedanken der Ich-Erzählerin Raum (vgl. 22 f.). Offenbar erkennt und benennt sie ihre Identitätslosig-

Vereinzelte Ansätze zur Selbstreflexion

keit als lebensbestimmenden Grundkonflikt und denkt über Lösungsstrategien nach, die sie schlussendlich auch in die Tat umsetzt. Dadurch unterscheidet sie sich erheblich von der Ich-Erzählerin in „Sommerhaus, später", die keinerlei Entwicklung durchlebt. Die zunehmend explizit thematisierte Beschäftigung mit dem eigenen Innenleben gipfelt in der Therapeutenepisode, deren Handlung sich zu weiten Teilen im Inneren der Ich-Erzählerin abspielt und Ansätze zu einer bewussten Reflexion der Beziehung zu ihrem Geliebten und deren Auswirkungen erkennen lässt:

> „Ich dachte an meinen Geliebten, den Fisch, ich dachte, hätte er nicht immer geschwiegen, müßte ich jetzt nicht unter dem Schreibtisch eines Therapeuten herumkriechen […]." (27)

KURZINFO

„Hurrikan" – Erzählen aus wechselnder Perspektive
- Die außerhalb des Geschehens stehende Erzählerfigur bedient sich der Er-/Sie-Form.
- Einzelne auktoriale Elemente verdeutlichen die Anwesenheit eines allwissenden Erzählers.
- Viele Passagen werden aus wechselnder personaler Perspektive geschildert.
- Dennoch erhält der Leser keine tieferen Einblicke in die Gedanken und Gefühle der Figuren.

Außerhalb des Geschehens stehende Erzählerfigur

Im Gegensatz zu den beiden anderen im vorliegenden Band interpretierten Erzählungen weist „Hurrikan (Something farewell)" eine außerhalb des Geschehens stehende Erzählerfigur auf, die sich der Er-/Sie-Form bedient. Das geschieht stellenweise auktorial (d. h. aus allwissender Perspektive), wie z. B. bei der Schilderung der Wetterlage:

> „Es ist unerträglich heiß. Über den Blue Mountains bewegungslos dicke und weiße Wolken. Der Hurrikan, von den Metereologen ‚Berta' genannt, bläht sich weit entfernt über der Karibik auf, auch er bewegt sich nicht, er scheint Kraft zu sammeln für Kuba, Costa Rica, die Insel." (24)

Auktoriale Elemente

Auffällig ist zudem der auktoriale Kommentar zu Christines letztem Abend auf der Insel: „Natürlich hat Christine Cat geküßt, an diesem letzten Abend." (51) Dieser Kommentar nimmt insofern eine Ausnahmestellung innerhalb der Erzählung ein, als sich hier der allwissende Erzähler zu erkennen gibt und die Unausweichlichkeit der Ereignisse in ironischer Form unterstreicht.

Der Abend selbst wie auch größere Teile der restlichen Erzählung werden vorwiegend aus Christines Perspektive, also personal erzählt. Das lässt sich beispielsweise an der folgenden Textstelle veranschaulichen, die Christines innere Unruhe schildert:

Wechselnde Erzählperspektive

> „Christine trank Rum, rauchte eine Zigarette nach der anderen, war nicht fähig, irgend jemandem wirklich zuzuhören. Aus der Dunkelheit ab und an das metallische Aufklappen eines Feuerzeugs, Christine verstand erst beim vierten Mal, lief dann los, auf die Bambusbank zu – ‚Cat?'" (24)

Stellenweise nimmt der Erzähler auch die Sicht anderer Figuren ein, folgt etwa Cats Blick während des Kusses: „Cat [...] spähte, während er sie küßte, mit weitaufgerissenen Augen zum Laden hinüber, als Brenton aufsah, ließ er sie los." (53) Kaspars Perspektive tritt ebenfalls wiederholt in den Vordergrund, wenn zum Beispiel seine Haltung gegenüber Christine an eben diesem Abend beleuchtet wird:

> „Kaspar wußte genau, daß Cat da saß. Cat saß da immer, Kaspar sagte dennoch: ‚Keine Ahnung' und weidete sich an Christines ängstlicher Unentschlossenheit." (24)

Trotz des wiederholten Perspektivwechsels ermöglicht die zumindest nach außen hin gezeigte Emotionslosigkeit der Figuren keine tieferen Einblicke in deren Innenleben. Die für Judith Hermann und manch andere Autorinnen und Autoren der Jahrtausendwende typische Erzählweise fasst Annette Mingels zusammen:

> „[...] gerade durch die detailgenaue Beobachtung von Gesten, Mienen, von Alltagsgegenständen und -handlungen, von verbalen und nonverbalen Interaktionen wird es vermieden, Deutungen vorzugeben: Die Beobachter-Position der Erzählinstanz wird gleichsam an die Leserinnen und Leser weitergegeben; an ihnen ist es nun, sich ein Urteil zu bilden, die unter der Handlungsoberfläche liegende Konstellation zu deuten." (Mingels 2012, S. 31)

Beobachterposition des Leser

Literaturgeschichtliche Einordnung

Das literarische Fräuleinwunder

KURZINFO

Judith Hermann als Verkörperung des literarischen Fräuleinwunders
- Der Begriff des „literarischen Fräuleinwunders" wird 1999 durch den Journalisten Volker Hage geprägt.
- Gemeint ist damit eine Gruppe junger, erfolgreicher Autorinnen, die Hage durch ihr unangestrengtes Erzählen vereint sieht.
- Wegen der problematischen Konnotationen der Bezeichnung und deren Verwendung für heterogene Texte lehnten viele Betroffene diese jedoch ab.
- Kritisiert wurde in diesem Zusammenhang auch die ausgeprägte Vermarktung des Äußeren von jungen Schriftstellerinnen.

Neu erwachtes Interesse für anspruchsvolle Literatur in den 1990er-Jahren

Die Erstveröffentlichung von Judith Hermanns Erzählband *Sommerhaus, später* im Jahr 1998 fiel in eine Zeit, in der eine ganze Riege junger Autorinnen und Autoren das Interesse des Publikums wie auch der Feuilletons erregte und mit hohen Verkaufszahlen ihrer Romane und Erzählungen dafür sorgte, dass „[a]nspruchsvolle Literatur deutscher Sprache […] wieder im Gespräch und im Geschäft" (Hage 1999, S. 245 f.) war. Als ungewöhnlich wurde vor allem erachtet, dass mehr oder weniger zeitgleich einige weibliche Schriftstellerinnen bekannt wurden, die man trotz ihrer Verschiedenheit durch ihren „Spaß an guten Geschichten" (ebd., S. 244) und die fehlende „Angst vor Klischees und großen Gefühlen" (ebd.) verbunden sah. Auf dieses Phänomen machte der Journalist Volker Hage in seinem in der Folge vielfach zitierten Essay für die Zeitschrift *Der Spiegel* aufmerksam:

> „Ist es Zufall, daß die weiblichen Debütanten zumeist weniger verzagt und umstandskrämerisch als ihre männlichen Kollegen daherkommen – ohne die erzähltechnischen Absicherungsstrategien, die doch längst geläufig und in diesem Jahrhundert beliebig verfügbar sind?
> Das literarische Fräuleinwunder ist jedenfalls augenfällig. Plötzlich gibt es in deutscher Prosa wieder ganz hinreißende Kurzgeschichten, wie die der hochbegabten jungen Berlinerin Judith Hermann […]." (Ebd., S. 245)

Auf den Begriff des „literarischen Fräuleinwunders" wird bis in die Gegenwart hinein sowohl vonseiten der Literaturkritik als auch im Rahmen literaturwissenschaftlicher Untersuchungen immer wieder Bezug genommen, wenngleich sich das Phänomen selbst schon nach kurzer Zeit überlebt hat. Da mit dem Begriff eine Anspielung auf das „Fräuleinwunder" der 1950er-Jahre verbunden ist, das für einen neuen deutschen Frauentypus – jung, attraktiv, modern und selbstbewusst – stand, grenzten sich viele der betroffenen Autorinnen von dieser Etikettierung ab (vgl. Caemmerer/Delabar/Meise, Hrsg., 2005, S.8f.), zumal sie häufig in ironisierender, despektierlicher Weise Verwendung fand. Problematisch erscheint nicht zuletzt auch die mit dieser Kategorisierung verbundene Zuordnung von Autorinnen, deren literarischer Stil sehr unterschiedlich ist, wie etwa Karen Duve, Juli Zeh oder Jenny Erpenbeck, und deren Ähnlichkeit lediglich in Alter und Geschlecht zu liegen scheint, wie Heidelinde Müller konstatiert:

Ablehnung einer problematischen Etikettierung

> „Tatsächlich liegt […] der Verdacht nahe, daß diese Gruppenbildung eine Inszenierung ist und zwar die Inszenierung eines an bestimmten Vorstellungen ausgerichteten Autorinnenbildes." (Müller 2012, S.40)

Auf Ablehnung stießen in diesem Zusammenhang auch häufig die Vermarktungsstrategien, die mit dem Konzept des „literarischen Fräuleinwunders" einhergingen, da diese in vielen Fällen mehr auf die optische Erscheinung der jungen Schriftstellerinnen als auf deren literarisches Werk aufmerksam machten (vgl. Hage 1999, S.245). Das gilt ganz besonders für Judith Hermann, die durch das auf der Innenseite des Schutzumschlags abgedruckte Porträt der Fotografin Renate von Mangoldt einen fast ikonischen Status erhielt. Die Suggestionskraft des Fotos, das die Schriftstellerin als „melancholisch entrückte, traumverlorene Schönheit" (Pfäfflin 2007, S.119) aus einer vergangenen Zeit inszenierte, war so ausgeprägt, dass es sogar als Illustration ihrer Erzählungen gedeutet wurde:

Vermarktung der Attraktivität vieler junger Autorinnen

Einseitiges Image Judith Hermanns

> „Die Aura dieses Fotos passte zu der Stimmung ihrer Erzählungen und verlieh den Figuren darin ein Gesicht: Denn egal, ob diese Figuren nun die Frau mit dem roten Korallenarmband, Steins große Liebe oder Sonja waren – in den

Köpfen der meisten Leser sahen alle Figuren aus wie Judith Hermann." (Voigt 2003, S.141)

Gegen diese einengende Festlegung ihres eigenen Image, an der die Autorin selbst gewiss nicht ganz unbeteiligt war, versuchte sich Judith Hermann später durch eine bewusst davon abweichende Präsentation ihrer Person zur Wehr zu setzen (vgl. ebd.).

Nachwendezeit und Berlin

KURZINFO

Spiegelung des Lebensgefühls der Nachwendezeit in Berlin

- Junge Autorinnen und Autoren der Jahrtausendwende thematisierten häufig das Private oder ihre eigene Kindheit und Jugend, weshalb ihnen immer wieder eine unpolitische Haltung vorgeworfen wurde.
- Als Schauplatz diente vielfach Berlin, das wegen der dort herrschenden Aufbruchsstimmung einen besonderen Reiz ausübte.
- Auch Judith Hermanns Erzählungen spiegeln das Lebensgefühl der Nachwendezeit, speziell Ostberlins, und den Zeitgeist der späten 1990er-Jahre mit seinen politischen und gesellschaftlichen Rahmenbedingungen.
- Die Figuren des Erzählbandes *Sommerhaus, später* zeigen daher – trotz wechselnder Schauplätze – die Mentalität von Großstadtbewohnern.

Thematisierung der eigenen Gegenwart durch die Enkelgeneration

Im Unterschied zu den Schriftstellerinnen und Schriftstellern der Kriegs- und ersten Nachkriegsgeneration wandten sich viele Autorinnen und Autoren der „Enkelgeneration" (Hage 1999, S.246) anderen Themen als der deutschen NS-Vergangenheit zu. Häufig standen eigene Kindheits- und Jugenderfahrungen im Mittelpunkt, weshalb sich einige Vertreter dieser Autorengeneration nicht nur mit dem Lob der erzählerischen Leichtigkeit, sondern zugleich mit dem Vorwurf mangelnden politischen Bewusstseins konfrontiert sahen. Berlin diente jedoch nicht nur Judith Hermann als bevorzugter Schauplatz:

„In keiner anderen Stadt Deutschlands konnte der Aufbruch zu Neuem und der Abbruch des Alten (und dies im wörtlichen Sinne) so in nuce beobachtet werden, keine andere Stadt bot so viele rasche und überraschende Wandlungen wie Berlin, wobei es gerade das Imperfekte und Provisorische war, das seinen Reiz auf die Autorinnen und Autoren ausübte." (Mingels 2012, S.20)

Zwar spielen nicht alle Erzählungen Hermanns in der deutschen Hauptstadt, doch Lebensgefühl und Haltung der Hauptfiguren weisen diese unabhängig vom jeweiligen Schauplatz als Großstadtbewohner aus. Anzumerken ist allerdings, dass auch das urbane Umfeld nur eine untergeordnete Rolle als Kulisse der von Leere, Melancholie und sehnsuchtsvoller Langeweile geprägten Stimmungen einnimmt. Selten werden konkrete Orte genannt, wie etwa die „Frankfurter Allee" („Sommerhaus, später", 141) oder der „Helmholtzplatz" (ebd., 85). Meist bleibt die Beschreibung der erwähnten Bars, Cafés oder Wohnungen im Ungefähren, Allgemeinen und trägt somit zu der vielbeschworenen schwebenden und traumhaften Atmosphäre der Erzählungen bei.

Großstädtisches Lebensgefühl in den Erzählungen Hermanns

Judith Hermann selbst konstatiert, ihre Erzählungen seien von ihr nicht ausdrücklich als „Berlingeschichten" angelegt worden und es sei auch nicht ihr Anliegen gewesen, das Lebensgefühl der Nachwendezeit zu dokumentieren (vgl. Prangel 2001). Vielmehr sei es ihr um ein „ganz allgemein von Zeit und Ort unabhängiges Lebensgefühl von Menschen" (ebd.) gegangen. Dennoch stuft auch sie die ihren Figuren eigene „Entscheidungsunfähigkeit und Müdigkeit und auch die Widerstandslosigkeit gegen die Zeit" (ebd.) als „typisch für das Ostberlin der Nachwendezeit" (ebd.) ein.

Unbeabsichtigte Spiegelung der Stimmung der Nachwendezeit

Wenn sich also in Judith Hermanns Erzählungen durchaus der Zeitgeist der späten 1990er-Jahre und dessen politisch-gesellschaftliche Rahmenbedingungen spiegeln, der „Haltung einer nach-ideologischen, postmodernen Generation von Autorinnen und Autoren, deren Scheu vor kollektiven Ideen groß ist" (Mingels 2012, S. 31), geht es dennoch keinesfalls um die Vermittlung eines bestimmten literaturtheoretischen Programms oder um die Beförderung vorgegebener Erkenntnisse. Die Betonung des Privaten, der Beziehungen und Befindlichkeiten der vorwiegend auf sich selbst konzentrierten Figuren ist zugleich einer der Hauptkritikpunkte, der gegen das Werk Judith Hermanns erhoben wird. Demgegenüber unterstreicht zum Beispiel Sander (2015), es deute sich gerade durch die „Versuch[e] der Distanzierung, der Abschottung" (S. 80) der Figuren „in ihrem überschaubaren

Privates im Fokus der Erzählungen Hermanns

Kosmos [...] eine Verunsicherung an, die, ohne ernsthaft problematisch zu werden, doch auf die Verhaftung in größeren globalen und sozialen Zusammenhängen verweis[e]" (ebd.).

Weitere bedeutsame Schauplätze

Auch andere Schauplätze in Judith Hermanns Erzählungen dienen den Figuren als Orte des Rückzugs von der gesellschaftlichen Wirklichkeit. Dennoch nutzen sie diese nicht als „Reflexionsräume" (Blamberger 2006, S. 195) und finden dort auch nicht die Möglichkeit, „sich selbst als unbeschriebene Tafel [zu] definieren und dann wieder neu [zu] beschreiben" (ebd.). Vielmehr handelt es sich um „Nicht-Orte [...] im Sinne von [...] Zwischen-, von Übergangs-, von Warteräumen" (ebd.). Der Aufenthalt in diesen Räumen führt jedoch nicht zu einer greifbaren Veränderung der Figuren oder ihrer Lebensentwürfe. Typische Beispiele dafür sind die paradiesisch wirkende Karibik-Insel und das düstere Dorf Canitz.

Rückzugsorte und "Warteräume"

Die karibische Insel Jamaika, ehemals britische Kronkolonie und Traumziel zahlloser Touristen, wird häufig stereotyp mit Reggae-Musik, langhaarigen Rastafaris und dem Konsum von Marihuana gleichgesetzt. Klischees wie diese bestimmen auch das Bild Jamaikas in der Erzählung „Hurrikan (Something farewell)". Dabei werden die soziale Realität von Armut und hoher Kriminalität wie auch die Nachwirkungen der kolonialen Vergangenheit fast vollständig ausgeblendet.

Klischeehafte Darstellung Jamaikas

Canitz hingegen vermittelt die für die Nachwendezeit typische Trostlosigkeit und Perspektivlosigkeit vieler Orte der ehemaligen DDR, wie die resignierte Feststellung der Ich-Erzählerin, Canitz sei „schlimmer als Lunow, schlimmer als Templin, schlimmer als Schönwalde" (147), unterstreicht. Auffällig ist jedoch, dass es im Berliner Umland bzw. in Brandenburg keinen Ort dieses Namens gibt, dafür aber mehrere in Sachsen. Während der gemeinsamen Autofahrt teilt Stein der Ich-Erzählerin mit:

> „Hinter Angermünde kommt Canitz, und in Canitz steht das Haus." (Ebd.)

Während es sich bei Angermünde um eine 80 km nordöstlich von Berlin gelegene Stadt in Brandenburg handelt, stimmt die Ortsangabe für Canitz also offensichtlich nicht mit der realen Topographie überein. Das legt die Vermutung nahe, dass es nicht um den realen Ort, sondern ausschließlich um dessen symbolische Bedeutung geht. Die als „geduck[t]" (ebd.) beschriebenen Häuser lassen ebenso wie die „gekrümmten Landstraßen" (ebd.) die Annahme zu, dass die Einwohner einen ähnlich niedergeschlagenen, vom Leben gezeichneten Eindruck vermitteln. Für eine hoffnungsfrohe Zukunft, wie sie der Hauskauf in Aussicht stellen könnte, scheint Canitz also wohl kaum der richtige Platz zu sein, weshalb die Darstellung der Umgebung von Steins Haus und dessen Baufälligkeit bereits auf ein unglückliches Ende seiner Beziehung zur Ich-Erzählerin schließen lassen.

Symbolische Bedeutung von Canitz

Nähe zur Popliteratur

KURZINFO

Elemente der Popliteratur in Judith Hermanns Erzählungen
- Die Popliteratur ist durch die Einbindung von Elementen der Popkultur gekennzeichnet.
- Dabei werden sowohl die Literatur als auch die außerliterarische Wirklichkeit als mediale Konstrukte verstanden.
- Die Erzählungen in dem Band *Sommerhaus, später* weisen unter anderem vielfache Anspielungen auf Popsongs und Musikbands auf, die ein bestimmtes zeitspezifisches Lebensgefühl und die damit verbundene Atmosphäre vermitteln.

Das „Neue Erzählen" der Literatur der späten 1990er-Jahre zeichnet sich laut Herrmann/Horstkotte (2016) unter anderem dadurch aus, dass kein grundlegender Unterschied mehr zwischen Wirklichkeit und Literatur gesehen werde (vgl. S. 55). Deshalb werde die „eigene Wirklichkeit [...] per se als mediales Konstrukt – innerhalb wie außerhalb der Literatur" (ebd.) verstanden. Dies kommt besonders in Texten der Popliteratur zum Ausdruck, „die Literatur mit Phänomenen der Populärkultur verschmelzen wollen und auf diese Weise das neue Mittel der literarischen Erzeugung von Gegenwärtigkeit erproben" (ebd., S. 56).

Konstruiertheit von Wirklichkeit und Literatur

Bezüge zu
Elementen der
Popkultur

Eine Nähe zur Popliteratur weist der Erzählband *Sommerhaus, später* insofern auf, als er wiederholt auf Elemente der Populärkultur, vor allem Popsongs, anspielt. Das bezeugt vor allem das den Erzählungen wie ein Motto vorangestellte, leicht veränderte Zitat aus dem Refrain des Songs „Had me a Girl" von Tom Waits: „The [im Original „And my"] doctor says I'll be alright / But I'm feelin blue" (7). Es nimmt die melancholische Stimmung der Texte Judith Hermanns, die Leere und Beziehungslosigkeit der Figuren vorweg.

Tom-Waits-Zitat
zur Spiegelung
der Haltung der
Figuren

Die Zeilen muten zunächst paradox an, steht doch der vom Arzt in Aussicht gestellten Genesung des Patienten die Melancholie des Sprechers entgegen. Deren Ursache ist offenbar unerklärlich oder unbedeutend und wird in keinen erkennbaren Kausalzusammenhang gestellt. Das scheint in geradezu paradigmatischer Weise die Haltung von Judith Hermanns Figuren auf den Punkt zu bringen, die gleichfalls nicht den Ursachen ihrer Lebensmüdigkeit nachgehen, sondern sich – in mehr oder weniger starker Ausprägung – in die Gegebenheiten fügen. Ihre Probleme resultieren eher aus ihrer jeweiligen psychischen Veranlagung, als dass äußere Einwirkungen dafür verantwortlich gesehen werden könnten. Objektiv betrachtet führen die Figuren kein allzu problembeladenes Leben, sie scheinen sich weder über ihren Lebensunterhalt Sorgen machen zu müssen noch unter beruflichem oder anderweitig verursachtem Stress zu leiden.

Vermittlung eines
zeitspezifischen
Lebensgefühls

Die Aussage der Liedzeilen lässt sich ohne Kenntnis des Sängers und dessen Werks prinzipiell zwar erschließen, doch generell gilt, dass durch die Verweise und Anspielungen oft auch ein bestimmtes zeitspezifisches Lebensgefühl mitschwingt. In der Art einer übergelagerten Bedeutungsebene ist dieses ebenfalls zu entschlüsseln, was auf dem Hintergrund gemeinsamer Erfahrungen letztlich nur den Mitgliedern einer bestimmten Gruppe oder Generation möglich ist. Augenfällig wird diese Technik in „Sommerhaus, später" am Beispiel des Soundtracks, mit dem Stein die Taxifahrten mit der Ich-Erzählerin atmosphärisch untermalt (vgl. Lektürehilfe S. 60 f.), aber auch an der Musik und Literatur, die die

Berliner Clique gemeinsam hört und liest und damit ihre Gruppenidentität definiert und festigt:

> „Wir hörten Paolo Conte aus Heinzes Ghettoblaster, schluckten Exstacy und lasen uns die besten Stellen aus Bret Easton Ellis *American Psycho* vor." (153)

In „Hurrikan (Something farewell)" ist es die Anspielung auf den Harry-Belafonte-Song „Jamaica Farewell", die einerseits die unbestimmte Sehnsucht und Unentschiedenheit Christines, andererseits die vermeintlich paradiesischen Zustände auf der Karibik-Insel verdeutlicht (vgl. 45). Als weitere Beispiele in anderen Erzählungen des Bandes sei hier noch Koberlings Erwähnung von Janis Joplin in „Diesseits der Oder" (vgl. 180) oder die Untermalung der Verabredung Maries mit dem Künstler durch Musik von P. J. Harvey in „Camera Obscura" (vgl. 162) genannt. Auch die klischeehafte Darstellung Jamaikas im Stil eines Werbeprospekts in „Hurrikan" (vgl. etwa 31, 34) lässt sich als Verweis auf die Populärkultur deuten.

Weitere Funktionen des Bezuges auf die Popkultur

93

Autorin und Werk

Biographische Kurzübersicht

KURZINFO

Judith Hermann – eine Berliner Autorin
- Veröffentlichungen:
- 1998: *Sommerhaus, später* (Erzählungen)
- 2003 „*Nichts als Gespenster* (Erzählungen)
- 2009: *Alice* (Erzählungen)
- 2014: *Aller Liebe Anfang* (Roman)
- 2016: *Lettipark* (Erzählungen)

Literarischer
Durchbruch mit
*Sommerhaus,
später*

Die 1970 in Berlin geborene Schriftstellerin Judith Hermann feierte mit dem Band *Sommerhaus, später* 1998 ihr literarisches Debüt. Ihrer Erstveröffentlichung wurde hohe Aufmerksamkeit zuteil, sah man in ihr doch eine prototypische Vertreterin ihrer Generation, was nicht zuletzt durch das überschwängliche Lob der zu dieser Zeit äußerst einflussreichen Literaturkritiker Marcel Reich-Ranicki und Hellmuth Karasek im Rahmen der Fernsehsendung des „Literarischen Quartetts" im Oktober 1998 bedingt war.

Hermann, die vor ihrer schriftstellerischen Karriere ihr Studium (Germanistik, Philosophie, Musik) abgebrochen hatte, mit der Band „Poems for Laila" aufgetreten war und eine Ausbildung an einer Journalistenschule in Berlin absolviert hatte, brachte im Jahr 2000 einen Sohn zur Welt. 2003 veröffentlichte sie ihren zweiten Erzählband, *Nichts als Gespenster*, aus dem später einige Geschichten unter dem gleichnamigen Titel verfilmt wurden. Inhaltlich und sprachlich knüpft die Autorin darin

Vorliebe für
Erzählungen

an *Sommerhaus, später* an, auch wenn die Handlung nun an andere Schauplätze, wie Venedig oder Karlsbad, verlagert wird. Mit *Alice* legte die Autorin 2009 fünf Erzählungen vor, die um das Sterben kreisen, bevor sie 2014 ihren ersten Roman unter dem Titel *Aller Liebe Anfang* veröffentlichte. Darin schildert sie, wie die wohlgeordnete Welt der Protagonistin Stella durch einen Stalker aus den Fugen gerät. Zum Genre der Erzählungen kehrte die in ihrer Geburtsstadt Berlin ansässige Autorin

schließlich in dem 2016 erschienen Band *Lettipark*
zurück. Judith Hermann wurde für ihr Werk mit zahlreichen Preisen und Auszeichnungen geehrt, so zum
Beispiel dem Erich-Fried-Preis (2014), dem Friedrich-
Hölderlin-Preis (2009) sowie dem Kleist-Preis (2001).

Preise und
Auszeichnungen

Weitere Erzählungen in *Sommerhaus, später*

KURZINFO

„Sonja"

- Der Ich-Erzähler, ein Berliner Maler, unterhält eine Fernbeziehung zu der
  attraktiven Verena, als er Sonja, eine introvertierte, merkwürdige junge Frau,
  kennenlernt.
- Nach und nach gerät er in den Bann Sonjas, erfährt aber trotz häufiger
  Treffen kaum etwas über ihr Privatleben.
- Während er mit Sonja eine rein platonische Freundschaft pflegt, findet er bei
  Verena körperliche Liebe und häusliches Glück.
- Dennoch erzwingt Sonja eines Tages ein Heiratsversprechen des Ich-Erzäh-
  lers.
- Die Aussicht auf ein Leben mit Sonja löst jedoch solch große Angst in ihm
  aus, dass er in eine Verlobung mit Verena flüchtet.
- Dies hat das endgültige Verschwinden Sonjas zur Folge, die sich dem
  Ich-Erzähler auch zuvor wegen dessen Beziehung mit Verena wiederholt
  entzogen hat.
- Im Nachhinein kommt der Ich-Erzähler zu der Annahme, er sei mit Sonja
  glücklich gewesen.

Das charakteristischste Merkmal von Sonja, der Titelfi-
gur der Erzählung, besteht nach Aussage des Ich-Erzählers, eines Malers, darin, dass sie „eigentlich nichts" (55)
ist und daher als Projektionsfläche seiner Wunschvorstellungen dient. Diese Eigenschaft wird auch als „bieg-
sam – im Kopf" (ebd.) bezeichnet.

Projektionsfläche
eigener Wunsch-
vorstellungen

Der Maler ist mit der in Hamburg lebenden Verena liiert
und befindet sich im Mai auf der Rückfahrt nach Berlin,
als er im Zug auf Sonja trifft. Während Verena durch
ihre Sinnlichkeit, „einen Kirschmund und rabenschwar-
zes Haar" (55), besticht, erscheint ihm Sonja „überhaupt
nicht schön" (56), ihr Gesicht „so ungewohnt und altmo-
disch, wie eines dieser Madonnenbilder aus dem 15. Jahrhundert" (55). Dennoch bringt ihn das Zusammentref-
fen mit der eigenartigen jungen Frau kurzzeitig so aus

Konträre
Frauenfiguren

95

der Fassung, dass die Erinnerung an Verana zu verblassen scheint.

Bei der zweiten Begegnung beider, sie verabreden sich zu einem Treffen in einer Bar, redet der Maler in einem Dauermonolog über sich selbst, während Sonja ihm schweigend lauscht. Danach sehen sich beide erst bei einer Ausstellungseröffnung des Malers Ende Juni wieder. Sonja macht ihm Vorwürfe, warum er sich nicht gemeldet habe, doch bringt ihn dies in eine heikle Situation, weil inzwischen Verena vor Ort ist. Zu einer direkten Konfrontation der beiden Frauen kommt es jedoch nicht.

Nachdem Verena wieder abgereist ist, versucht der Maler aus „einem seltsamen Zustand der Emotionslosigkeit" (64) heraus, Sonja zu erreichen, doch diese entzieht sich vier Monate lang, bis sie ihn schließlich zu einem Fest in ihrer Wohnung in einem verlassenen Mietshaus einlädt. Dort empfindet er Sonja „zum ersten Mal schön" (65), und obwohl sie während der Feier nicht kommunizieren, entwickelt sich danach ein fester Rhythmus in ihrer Beziehung. Sonja besucht den Maler „fast jede Nacht" (68) und sieht ihm bei seiner Arbeit zu, die beiden ziehen gemeinsam durch die Bars, dennoch erfährt er so gut wie nichts über sie und es bleibt bei einer platonischen Freundschaft. Ihre ehrfurchtsvolle Anwesenheit nimmt er dabei eher nebenbei wahr, konzentriert er sich doch auf die Aufwertung seines Egos durch „ihre seltsame Attraktivität" (69):

> „Sie ging mir nicht auf die Nerven, weil sie viel zu eigensinnig und zu zäh war. Ich bemerkte nicht, daß Sonja dabei war, sich in meinem Leben zu verhaken." (67)

Im Nachhinein glaubt der Ich-Erzähler jedoch, während dieser Phase seines Lebens glücklich gewesen zu sein.

Verena, die sich zu dieser Zeit auf einer längeren Reise befindet, kündigt im Januar per Karte ihre Rückkehr für März an. Nachdem Sonja davon erfahren hat, übernachtet sie das erste Mal in der Wohnung des Ich-Erzählers. Auch bei dieser Gelegenheit bleiben die Zärtlichkeiten auf einer freundschaftlichen Ebene:

Regelmäßige Besuche von Sonja

Rein platonische Beziehung

„Es war unglaublich kalt, ich legte mich zu ihr, wir lagen Rücken an Rücken, einzig die kalten Sohlen unserer Füße berührten sich wirklich. […] Ich weiß noch, daß es wie inzenstuös gewesen wäre, mit ihr zu schlafen, ihre Brüste zu berühren, ich fragte mich, wie es sein würde, Sonja zu küssten, dann schlief ich ein." (72)

Am nächsten Morgen verschwindet Sonja erneut von der Bildfläche; der Ich-Erzähler gibt seine Versuche, sie zu erreichen, angesichts der bevorstehenden Ankunft Verenas denn auch bald auf. Diese richtet sich nun dauerhaft bei ihm ein, der Maler glaubt sich mit dem Arrangement „vielleicht glücklich, bestimmt sehr ruhig" (74), verspürt aber dennoch hin und wieder eine unbestimmte Sehnsucht. Im Juni trifft der Ich-Erzähler in Begleitung Verenas zufällig im Freibad auf Sonja. Als diese fluchtartig das Schwimmbadgelände verlassen will, rennt er ihr hinterher und vereinbart ein Wiedersehen, ohne dass Verena dies bemerkt. Da sie inzwischen offenbar etwas Abwechslung von ihrer Liaison mit dem Maler benötigt, fährt Verena erst einmal zurück nach Hamburg.

Häusliches Glück mit Verena

Den Sommer verbringt der Ich-Erzähler nun mit gemeinsamen Unternehmungen mit Sonja, sie gehen zusammen schwimmen und rudern, kehren in ländliche Gaststätten ein und verbringen die Nächte in Sonjas Wohnung, küssen oder berühren sich dabei aber nicht. Ende Juli setzt Sonja den Maler durch ihre Drohung, sich vor einen Zug zu werfen, so unter Druck, dass er verspricht, sie eines Tages zu heiraten und Kinder mit ihr zu bekommen.

Der Sommer mit Sonja

Nachdem Sonja sich im Herbst mit der Erklärung, „sie müsse arbeiten" (78), für einen Monat verabschiedet, wird der Ich-Erzähler sich seiner Gefühle für Sonja bewusst:

„Ich hatte das Gefühl, ohne Sonja nicht mehr sein zu wollen. Ich fand sie unvermutet notwendig für mich, und ich vermißte sie. Ich fürchtete, sie käme nie mehr zurück, und gleichzeitig wollte ich nichts mehr, als daß sie fortbliebe, für immer." (79)

Da diese Einsicht in ihm Angst vor einem möglichen Leben mit Sonja auslöst, fährt er zu Verena und unterbreitet ihr einen überstürzten Heiratsantrag, den diese akzeptiert und der ihm den Eindruck der Rettung aus „einer unermeßlichen Gefahr im letzten Augenblick" (80) vermittelt. Zurück in Berlin sucht er Sonja auf und teilt ihr seine Hochzeitspläne mit. Daraufhin wirft sie ihn umgehend aus der Wohnung, ohne nach außen hin die Fassung zu verlieren. Auf die folgenden Versuche des Malers, Kontakt mit ihr aufzunehmen, reagiert sie nicht. Schließlich muss der Ich-Erzähler enttäuscht feststellen, dass sie nicht mehr in ihrer Wohnung wohnt. Er sieht oder hört auch später nichts mehr von ihr, bleibt gedanklich aber auf sie fixiert.

Verlobung mit Verena aus Angst vor einem Leben mit Sonja

Nur aus der Ferne, in räumlicher wie zeitlicher Distanz, erscheint Sonja dem Ich-Erzähler begehrenswert, erst ihre „geheimnisvoll[e] Unerreichbarkeit" (Stopka 2001, S. 164) befeuert seine Vorstellungskraft und weckt seine Sehnsucht:

> „Hätte die Verwirklichung seiner imaginierten Liebe zu Sonja nur zu dem Verlust dieser Liebe geführt, kann der reale Verlust von Sonja diese imaginierte Liebe in der Erinnerung bewahren." (Ebd., S. 165)

KURZINFO

„Ende von Etwas"
- Die Rahmenhandlung zeigt Sophie im Gespräch mit dem nur über die Ansprache als „du" zu identifizierenden Erzähler in einem Berliner Café.
- Die Binnenhandlung bildet die Schilderung der Lebensumstände von Sophies Großmutter, die sich das Leben genommen hat.
- Die alte Frau kann sich kaum noch bewegen und verbringt ihre Zeit größtenteils schlafend im Bett.
- Gegenüber den sie versorgenden Familienmitgliedern tritt sie misstrauisch und launisch auf, zeigt sich zunehmend paranoid und glaubt sich von ihnen bestohlen.
- Nikotin, Alkohol und Fernsehen füllen ihre innere Leere, bis sie sich schließlich selbst in Brand setzt.

Der Titel der Erzählung „Ende von Etwas" spielt auf eine Kurzgeschichte von Ernest Hemingway an, die im Original den Titel „The End of Something" trägt. Zugleich bezieht sie sich auf den Selbstmord der Großmutter Sophies, die einem nur über die Ansprache als „du" präsenten Erzähler die Begleitumstände dieser Tat schildert und dabei zwar sichtlich bewegt ist, jedoch weder be-

Selbstmord der Großmutter Sophies als Binnenhandlung

sonders traurig wirkt noch weint. Während dieses Gesprächs halten sich die beiden am späten Nachmittag in einem Café am Berliner Helmholtzplatz auf. Gelegentliche Beobachtungen der kalten, regnerischen und zunehmend dunklen Umgebung untermalen dabei die melancholische Atmosphäre der Rahmenhandlung.

Sophie beschreibt die schwierige familiäre Situation, die durch die Krankheit der nahezu immobilen und zuletzt auch paranoiden Frau entstanden ist. Vater und Mutter Sophies teilen sich die Aufgabe der Versorgung der launischen Großmutter und bekommen beide deren Zorn, Frustration und Verzweiflung zu spüren. Während die alte Frau abends gemeinsam mit ihrer Tochter fernsieht, verbringt sie ihre Tage schlafend in ihrem Bett:

> „Sie hörte nie Musik. Lag in dieser Stille in ihrem Bett in den Kissen, in dieser Stille, die einmal laut gewesen war, als die zwei Kinder noch da waren und der Mann." (24)

Wie Sophie betont, kennt sie lediglich zwei Geschichten, die ihre Großmutter erzählt hat. Die eine, eine „Kriegsgeschichte" (91), handelt davon, wie ihr Sohn während der Flucht der Familie in einem Zug durch einen unglücklichen Zufall alleine in einem Feld zurückbleibt. Die andere Geschichte, eine „Nachkriegsgeschichte" (ebd.), beschreibt, wie eben dieser Sohn durch die Schuld seiner Schwester ein Auge verliert. Dieser Sohn lebt nun in einiger Entfernung von seiner Familie in einer „Vorstadtvilla" (90) und kümmert sich allenfalls in Form gelegentlicher Anrufe um seine alte Mutter. Diese erhält von ihrer Tochter jeden Tag „eine Schachtel Zigaretten am Tag. Drei Büchsen Bier und drei Schnäpse" (86), schafft es durch ihren Spürsinn jedoch stets, das Versteck der Schnapsflasche zu finden und sich über die ihr zugeteilte Ration hinaus an deren Inhalt zu berauschen. Die Enkelin vermutet darin „eine Art von Spiel" (87), dessen Gewinn der fast bewegungsunfähigen Frau wohl Genugtuung verschafft. Dass sie ihre Verwandten aufgrund einer Art Verfolgungswahn verdächtigt, sie zu bestehlen, und es um ihre geistige Gesundheit generell nicht zum Besten steht, wird am 18. Geburtstag ihrer Enkelin, der Tochter ihres Sohnes, mehr als deutlich, an dem sie ihr lediglich einen Topfdeckel als Geschenk

Gespräch in einem Café als Rahmenhandlung

Geschichten über das Schicksal des Sohnes der Großmutter

Alkoholkonsum und Verfolgungswahn der Großmutter

99

überreicht und erklärt, dies sei der Deckel des Topfes, den die Familie ihr gestohlen habe. Für den Blick auf den See, an dem die Feier stattfindet, hat sie kein Interesse übrig.

Am Morgen nach diesem Vorfall bringt Sophies Vater der alten Frau ihr Frühstück und entzündet wie immer ein Teelicht für sie. Kurze Zeit darauf erhält er einen Anruf und hört am anderen Ende der Leitung „ein Prasseln, ein Knacken, etwas ganz Unwirkliches" (95). In der Wohnung der Großmutter angekommen, findet er sie brennend und tanzend vor ihrem ebenfalls brennenden Bett vor. Diese Situation lässt letztlich nur die Erklärung zu, dass die alte Frau sich selbst angezündet und damit ihrem für sie nicht mehr lebenswerten Dasein ein selbstbestimmtes, von Euphorie erfülltes Ende gesetzt hat.

Feuertod der tanzenden Großmutter

KURZINFO

„Bali-Frau"

- Die Erzählung richtet sich an ein unbekanntes „du", eine verflossene Liebe der Ich-Erzählerin.
- Erinnerungen und Reflexionen der gemeinsam verbrachten Zeit unterbrechen immer wieder die Darstellung der Ereignisse rund um die Premierenfeier eines bekannten Regisseurs.
- Die Ich-Erzählerin besucht diese zusammen mit ihrer in den Regisseur verliebten Freundin Christiane und einem weiteren, exzessiv Drogen und Alkohol konsumierenden Freund.
- Die geplante Verführung des Regisseurs scheitert an seiner balinesischen Ehefrau, die durch ihre lasziven Tanzbewegungen Christiane in den Schatten stellt.
- Auf Aufforderung der „Bali-Frau" fahren die drei Freunde zur Wohnung des Regisseurs, wo sie bis zum Morgen bleiben.
- Der intime Einblick in die privaten Verhältnisse des Paars und das absurd anmutende Verhalten der Frau wirken auf die Freunde irritierend.

Besuch der Premierenfeier eines bekannten Regisseurs

An einem kalten Abend im Winter besuchen die Ich-Erzählerin, ihre attraktive Freundin Christiane und der mit einem Pelzmantel und rosafarbenen Gummihandschuhen bekleidete, exzessiv koksende Markus Werner die Premierenfeier eines bekannten, verheirateten Regisseurs, in den sich Christiane verliebt hat. Wie aus den Kommentaren der Ich-Erzählerin hervorgeht, entspricht der Regisseur, „groß und dick und verkommen" (100), genau jenem Künstlertyp, für den ihre Freundin ein Faible hat, „er hatte diesen verlotterten Altmännersex, dem Christiane sich nie entziehen konnte" (ebd.).

Die Ich-Erzählerin gestaltet diese Ausführungen als einen an ein unsichtbares „du" gerichteten Dialog und thematisiert in diesem Zusammenhang ihre zwiespältigen Gefühle gegenüber dem Adressaten, wohl ihr ehemaliger Freund. Trotz ihrer Sehnsucht und nostalgischer Erinnerungen an gemeinsam verbrachte Nächte entscheidet sich sich dagegen, den Abend mit ihm statt mit Christiane und Markus zu verbringen. Weitere Reflexionen über die Zeit ihrer Beziehung mit diesem Unbekannten sowie Kommentare, die dessen vermutete Reaktion auf die Ereignisse des Abends der Premierenfeier einschließen, unterbrechen auch im Folgenden immer wieder die Darstellung der Handlungschronologie.

Unbekanntes „du" als Adressat der Erzählung

Auf der Feier zieht Christiane durch ihre lasziven Tanzbewegungen die Blicke des Regisseurs auf sich. Nach einiger Zeit erscheint jedoch die ihrerseits aufreizend agierende balinesische Ehefrau des Regisseurs auf der Tanzfläche, die als „exotisch und fremd [...] markiert" (Sander 2015, S. 93) und mit dem künstlich und einstudiert wirkenden Verhalten Christianes kontrastiert wird:

Laszives Auftreten der balinesischen Frau des Regisseurs

> „Die Frau war ganz klein und dünn, sie sah aus wie ein Kind, ein frühreifes Kind, ihre Haut war dunkel, und ihre Haare waren schwarz. Sie trug ein rotes Kleid, und wenn sie sich drehte, konnte man ihren nackten Hintern sehen und ihre Scham. Sie drehte sich unentwegt, und ihre kleinen Hände flatterten wie Vögel um sie herum, sie tanzte barfuß, und ihr Tanz war ganz anders als Christianes Tanz." (24 f.)

Davon irritiert wendet Christine sich der Bar zu, an der auch der Regisseur steht. Während die Szenerie einen zunehmend surrealen Charakter annimmt (öffentlich ausgelebter Geschlechtsverkehr einer Schauspielerin, die Selbstverletzung eines jungen Mädchens auf der Tanzfläche, „zwei unwirkliche Krüppel in Rollstühlen", 105, durch Drogen- und Alkolkonsum ausgelöstes Geschrei Markus Werners durch ein Megaphon), reflektiert die Ich-Erzählerin ihre Beziehung zu Markus, deren unbestimmten Charakter sie selbst nicht einordnen kann:

Ausschweifungen auf der Premierenfeier

„Hermanns Ich-Erzählerin schließt angesichts der bezugslosen Gleichzeitigkeit dieser vielfältigen, massiven, teils exhibitionistischen Ausdrücke individueller Verlorenheit und Verzweiflung die Augen." (Sander 2015, S. 86)

Die drei Freunde fahren schließlich auf Einladung der „Bali-Frau" zusammen mit ihr per Taxi in die Wohnung des Regisseurs, der bereits dorthin zurückgekehrt ist. Dort angekommen, sehen sich die Besucher mit den „[v]ier oder fünf winzige[n] Kinder[n]" (108) des Regisseurs und seiner Frau konfrontiert und reagieren mit einem „Gefühl der Scham" (109) auf diese unerwartete Situation und den intimen Einblick in das Privatleben des Ehepaars.

Absurd anmutendes Verhalten der Frau des Regisseurs

Während der Morgen graut, bewirtet die Frau des Regisseurs ihre Gäste mit Tee und beginnt plötzlich damit, in immer höherem Sprechtempo Blondinenwitze zu erzählen, offenbar ohne „deren frauenverachtenden Sexismus noch den Bezug zu ihrer eigenen Situation" (Sander 2015, S. 86) zu bemerken. Darauf reagiert Christiane nach einiger Zeit mit Tränen und Markus Werner schläft ein. Angedeutet wird außerdem, dass die Ich-Erzählerin die körperliche Nähe ihres Partygesellen als angenehm empfindet. Als das Klingeln des Weckers das Erwachen des Regisseurs signalisiert, lassen die beiden Freundinnen den schlafenden Markus Werner in der Küche zurück und verlassen die Wohnung.

KURZINFO

„Hunter-Tompson-Musik"

- Hunter Tompson, Dauergast in einem heruntergekommenen New Yorker Hotel, erhält eines Abends den unerwarteten Besuch eines jungen Mädchens, das das Zimmer gegenüber bezogen hat.
- Das Interesse des Mädchens, dessen Kassettenrecorder kurz zuvor entwendet worden ist, gilt Hunters Musik.
- Auf Initiative des Mädchens verabreden sich beide für den folgenden Abend.
- Das Mädchen erscheint jedoch nicht zur festgesetzten Zeit, sondern klopft erst mitten in der Nacht an Hunters Tür.
- Dieser schiebt ihr einen eigens für sie besorgten Kassettenrecorder und seine gesamte Kassettensammlung als Geschenk zu und schließt wieder die Tür.
- In der nur wenige Sätze umfassenden Konversation der beiden wird deutlich, dass Hunter im Hotel wohnt, da er die Möglichkeit schätzt, jederzeit von dort weggehen zu können.

Hunter Tompson, der Protagonist der Erzählung, fristet sein einsames, eintöniges, hoffnungsloses Dasein in einem schäbigen New Yorker Hotel, einem „Armenhaus für alte Leute", einer „letzte[n], verrottete[n] Station vor dem Ende" (115). Seine Abende verbringt er vor allem mit dem Hören klassischer Musik, die ihm noch einen gewissen Genuss bereitet. Nach dem Tod des Bewohners des gegenüberliegenden Zimmers zieht dort ein junges Mädchen ein, das, von der Musik angelockt, an Hunters Tür klopft. Wie sich herausstellt, leidet das Mädchen, das sich nur vorübergehend im Hotel aufhält, unter dem kurz zuvor erfolgten Diebstahl ihres Recorders und ihrer Kassetten.

Eintöniges Dasein in einem schäbigen Hotel

Musik als Auslöser des unerwarteten Besuchs eines neuen Gasts

Der an Gesellschaft nicht mehr gewöhnte Hunter tut sich sichtlich schwer, mit seiner Besucherin Konversation zu betreiben, zumal diese gerade aus der Dusche kommt und nur mit einem Bademantel bekleidet ist. Als das Mädchen ihn fragt, ob er am nächsten Abend mit ihr essen gehen wolle, willigt er ein. Parallel zur Darstellung dieser Begegnung erfährt der Leser durch Hunters Beobachtungen und Gedanken einiges über eine weitere Bewohnerin des Hotels, Miss Gil. Sie schließt die Tür zum Gemeinschaftsbadezimmer nie ab, um, so Hunters Vermutung, in unbekleidetem Zustand „faltig und verwelkt" (125) gesehen zu werden und die unfreiwilligen Beobachter dann als „Spanner" (ebd.) zu beschimpfen.

Ein weiterer skurriler Hotelgast

Während Hunters Nervosität am folgenden Tag wegen der Essensverabredung wächst, versucht er sich einzureden, das Mädchen sei „naiv" (126), ja „dümmer [...], als er dachte" (127), zumal der Portier des Hotels, Mr. Leach, ihn in anzüglichem Ton auf das Mädchen anspricht, dem er Hunter zuliebe das Zimmer gegeben habe. Um sich abzulenken, schlägt er die Zeit in der Innenstadt, auf dem Broadway und in einem Park tot. Schließlich besorgt er einen Kassettenrecorder für das Mädchen, den er von dem Inhaber eines nur noch als eine Art Wohnzimmer fungierenden Ladens geschenkt bekommt. Im Hotel angekommen, trifft er weitere Vorbereitungen für das geplante Treffen, rasiert sich und zieht seinen einzigen Anzug an, den er sonst nur zu Beerdigungen anderer Hotelgäste trägt.

Vorbereitungen für die Essensverabredung

Das Mädchen jedoch erscheint nicht, was bei Hunter ein Gefühl der Erleichterung hervorruft, weil ihm dadurch eine schwierige und vermutlich demütigende Situation im Restaurant erspart bleibt. Nach einigen Stunden fasst er einen Entschluss und packt all seine Kassetten, zugleich Zeugen seines Lebens, in einen Schuhkarton. Als das Mädchen spät in der Nacht doch noch an seine Tür klopft und sich entschuldigt, stellt er mit den Worten „Frohe Ostern" (136) den Kassettenrecorder nebst Schuhkarton auf dem Boden ab und schließt dann rasch die Tür. Zu einer Unterhaltung ist er, auch als sie sich weinend bedankt, nicht bereit, bekräftigt jedoch noch einmal seine Absicht, ihr seine Kassetten überlassen zu wollen. Das Mädchen bittet ihn zuletzt um die Antwort auf eine einzige Frage, warum er nämlich in dem Hotel wohne. Als Grund nennt Hunter, er könne jederzeit von dort weggehen, klassifiziert ihre Frage, wohin er denn gehen wolle, jedoch als unnötig. Daraufhin verabschiedet sie sich und Hunter erwartet ihre baldige Abreise.

Gesammelte Kassetten Hunters als Geschenk für das Mädchen

Zu diesem Dialog erläutert Judith Hermann:

> „[...] es ist keine unnötige Frage. Es ist ganz im Gegenteil die einzige Frage, die man stellen kann und gleichermaßen auch die absolut unbeantwortbare Frage. [...] Das Gehen in etwas ist immer nur das Gehen in einen Zustand, den man nicht kennt, von dem man natürlich Vorstellungen hat, den man ersehnt und von dem man sich etwas wünscht, den man aber letztendlich nicht kennt." (Prangel 2001)

Vom Gehen in das Unbekannte

Ob es sich bei der Figur des Hunter Tompson um eine Anspielung auf den gleichnamigen amerikanischen Journalisten handelt, ist nicht eindeutig geklärt.

KURZINFO

„Camera Obscura"

- Marie initiiert eine Affäre mit einem Künstler, der sie aufgrund seines unattraktiven Äußeren abstößt und für den sie nicht einmal Sympathie hegt.
- Seine Behauptung, kein sexuelles Interesse an ihr zu haben, kränkt sie und führt dazu, dass sie ihn in seiner Wohnung aufsucht.
- Dort richtet er die Kamera seines Computers auf sie und überträgt seine nun doch erfolgenden sexuellen Handlungen live auf den Bildschirm.
- Die zuerst davon angewiderte, dann zunehmend faszinierte Frau lässt dies ohne Gegenwehr über sich ergehen.

Die kürzeste Erzählung des Bandes, „Camera Obscura", handelt von Marie, die eine Affäre mit einem Berliner Künstler provoziert, obwohl er sie wegen seiner mangelnden Attraktivität – er ist „sehr klein" (157), „häßlich" (ebd.) und „katastrophal angezogen" (ebd.) – eigentlich abstößt:

Affäre Maries mit einem Künstler trotz ihrer Aversion

> „Was sie von ihm will, weiß sie nicht. Vielleicht den Glanz seiner Berühmtheit. Vielleicht noch schöner sein neben einem häßlichen Menschen. Vielleicht eindringen, zerstörerisch, in eine scheinbare Ungerührtheit." (158)

Die von beiderseitigem Schweigen bestimmten Treffen mit dem Künstler gehen mit unangenehmen Körperempfindungen Maries einher; auch signalisieren kleine alltägliche Missgeschicke ihre Verwirrung und ihr Unwohlsein. Eine telefonische Liebeserklärung des Künstlers erwidert sie nicht, sondern registriert diese lediglich mit einem „Ja" (160). Hier wird deutlich, dass Marie den Künstler weder sympathisch findet noch liebt. Das Verhalten beider wirkt unecht.

Da es während ihrer Begegnungen, abgesehen von einem von Marie initiierten Kuss, zu keinerlei Körperkontakt kommt, fragt Marie den Künstler eines Tages, ob er daran denke, mit ihr ins Bett zu gehen. Als Motiv lässt sich wohl eher gekränkte Eitelkeit als erotische Anziehung vermuten. Durch seine zunächst geäußerte Abweisung herausgefordert, fährt sie zum nächsten Treffen, auf das sie sich durch das Anlegen „hochhackige[r] Stiefel" (161), „Signum ihres klischeehaften Entwurfs verführerischer Weiblichkeit" (Sander 2015, S. 100), vorbereitet.

Ablehnung sexueller Avancen Maries durch den Künstler

In der Wohnung des Künstlers inspiziert sie sowohl die Einrichtung als auch die an der Wand angepinnten Dokumente seines Lebens und regt sich innerlich über die aufgelegte „Depressionsmusik" (162) auf. Mimik und Gestik des Künstlers, der „sehr selbstzufrieden und sicher" (163) wirkt, lassen darauf schließen, dass er die Situation im Voraus geplant hat. Dieser Verdacht bestätigt sich schließlich, als er die Kamera seines Computers, ein „schwarzglänzendes Auge", direkt auf Marie richtet, die nun „ein schwarzweißes, unheimliches Mariegesicht"

Übertragung von Maries Bild auf den Computerbildschirm

(ebd.) auf dem Bildschirm sieht. Die junge Frau empfindet die zeitverzögerte, tonlose Übertragung ihrer Bewegungen als angsteinflößend, „fischig, gruselig, schrecklich" (ebd.), doch weicht diese Empfindung zunehmender Faszination, als der Künstler beginnt sie zu berühren und zu küssen, sie „[z]wischen seinen Augenbrauen" (164) ein weiteres Kamerauge wahrzunehmen glaubt und schließlich das Geschehen auf dem Bildschirm beobachtet:

> „Anstatt sich selbst, wie sonst immer, von oben aus einer Art Vogelperspektive zu sehen, sieht sie auf den Bildschirm, auf diese schweigende, fremde Verknotung zweier Menschen, und das ist seltsam." (165)

Psychische und physische Entfremdung Maries von sich selbst

In der medialen Spiegelung des passiv erduldeten Sexualakts offenbart sich Maries Entfremdung von ihren eigenen konsequent ignorierten und verdrängten Emotionen und Bedürfnissen. Gleichzeitig kann die Situation auch als Indiz eines gestörten Verhältnisses Maries zu ihrem Körper gedeutet werden. Der Titel der Erzählung „Camera Obscura" lässt sich dabei als Metapher einer verzerrten Wirklichkeitswahrnehmung wie auch des Kontrollverlusts hinsichtlich der medialen Darstellung ihrer selbst verstehen:

> „Marie […] hat jegliche Aktivität hinsichtlich der Gestaltung ihres Selbstentwurfs verloren. Ihr Bild wird bestimmt von dem Mann und dem Medium, die sie ins Bild setzen […]." (Sander 2015, S. 100)

Die Geschichte endet damit, dass der Künstler Marie zu sich „auf den Boden" (165) zieht und das weitere Geschehen nicht mehr auf dem Bildschirm zu sehen ist.

KURZINFO

„Diesseits der Oder"
- Koberling, ein Drehbuchautor mittleren Alters, erhält auf seinem Sommerwohnsitz nahe der Oder ungebetenen Besuch.
- Anna, die Tochter eines ehemaligen Freundes, und deren Freund bleiben dort einige Tage zu Besuch und lösen dadurch in Koberling vielfältige Erinnerungen an die Vergangenheit aus.
- Er denkt über die inzwischen als unehrlich empfundene Freundschaft zu Annas Vater und den rettenden Einfluss seiner Frau Constanze nach.
- Die durch seine Erinnerungen hervorgerufene Unsicherheit steigert sich während eines Spaziergangs mit Anna in der von ihm als unheimlich empfundenen Landschaft des Oderbruchs.
- Am nächsten Tag fährt das junge Paar ab, bevor Koberling aufgestanden ist, wodurch sich dieser gekränkt fühlt.

Der 47-jährige Koberling, ein Berliner Drehbuchautor, der sich mit seiner Frau Constanze und seinem Sohn Max während des Sommers an einen abgelegenen Ort nahe der Oder zurückgezogen hat, erhält eines Tages ungebetenen Besuch von Anna, der Tochter eines ehemaligen Freundes, und deren Freund, den Koberling nur als „Kiffer" (168) bezeichnet. Obwohl Koberling sich nach der Fortsetzung seines ruhigen, wohlgeordneten Alltags sehnt, erlaubt er den beiden ein paar Tage in seinem Haus zu verbringen.

Ungebeteter Besuch in Koberlings Sommerwohnsitz an der Oder

Annas Anwesenheit ruft in ihm Erinnerungen an die viele Jahr zurückliegende, ausschweifende Zeit mit ihrem „Clownsvater" (169) wach, während der Anna sich weitgehend selbst überlassen gewesen ist. Das Verhalten seiner Familie gegenüber den Gästen, die offene Naivität seines Sohnes und das freundliche Interesse seiner Frau, irritieren und rühren ihn zugleich. Nachdem er sich am Abend in die Küche zurückgezogen hat, hängt er Gedanken über die Zukunft des jungen Paares nach, die er nach dem Muster seiner eigenen Vergangenheit geformt sieht. Rückblickend empfindet er seinen damaligen Lebensstil als unehrlich:

Reflexion des verlogenen Lebensstils Koberlings in der Vergangenheit

> „Widerliche, fast peinvolle Erinnerungen an nächtelanges Kneipenhocken, an Idealaustausch, Illusionszertrümmerung, emporgezüchtete Gemeinschaftlichkeit. Verlogen, alles, denkt Koberling." (176)

107

Als ihn Anna am nächsten Morgen in seinem Schlafzimmer weckt und zu einem Spaziergang an der Oder auffordert – die anderen seien schon alle in die Stadt gefahren –, reagiert Koberling unwirsch angesichts des Eindringens der jungen Frau in seine Privatsphäre. Während er noch einige Zeit im Bett liegen bleibt, reflektiert er über die Veränderungen, die sein Leben durch seine Frau Constanze erfahren hat:

Koberlings Frau als Rettung aus dem Grauen

„Früher, in den Nächten in seiner Einzimmerwohnung, Berlin und Winter, war er eingeschlafen mit einem Grauen vor all den Tagen, Monaten, Jahren, die da noch auf ihn warteten. Eine Zeit. Eine Zeit, die ausgefüllt, besiegt, zunichte gemacht werden mußte. Dann kam Constanze. […] Constanze, hinter der Koberling sich versteckte und nicht mehr hervorkam. Schutz und Resignation." (176)

Unheimliche Landschaft und vergangene Unehrlichkeit

Obwohl die Landschaft außerhalb seines Anwesens eine verunsichernde, beängstigende Wirkung auf Koberling ausübt, willigt er schließlich ein, Anna das Oderbruch zu zeigen, verweigert währenddessen aber das Gespräch mit der jungen Frau. Stattdessen verliert er sich in Gedanken an ein unheimliches Erlebnis dort, bei dem er ein riesiges Stück faulenden Fleischs „wie ein Albtraumbild" (182) an einem Baum hat hängen sehen. Zudem denkt er an Spaziergänge mit Annas Vater zurück, die von Gedichtvorträgen Koberlings begleitet gewesen sind.

Besonders bewegt hat ihn der Anfang eines Gedichtes, auf den auch der Titel der Erzählung hinweist: „Jenseits der Oder, wo die Ebenen weit" (183). Dabei handelt es sich wohl um eine Anspielung auf ein Gedicht von Gottfried Benn, das dessen Erinnerungen an seine Kindheit thematisiert. Auch die mit der eigenen Erinnerung an die Gedichtrezitation verbundene, offenbar hochemotionale Situation bewertet Koberling im Nachhinein jedoch als Selbsttäuschung und unterstellt Annas Vater, den Grund für seine damalige Ergriffenheit nicht verstanden zu haben. Als Anna ihn fragt, warum der Kontakt mit ihrem Vater abgebrochen sei, behauptet er, sie hätten sich einfach auseinandergelebt.

Gegenüber seiner Frau drückt Koberling am Abend noch einmal seine Ungehaltenheit gegenüber dem unangekündigten Besuch Annas und ihres Freundes aus. Als Koberling am nächsten Morgen in die Küche kommt, ist das junge Paar bereits abgefahren, ohne sich von ihm verabschiedet zu haben. Paradoxerweise scheint er durch die plötzliche Abreise gekränkt zu sein, obwohl er die beiden als störende Eindringlinge empfunden hat und die Begegnung mit Anna ihn erleben lässt, „wie sich der gewohnte Alltag im Traumgespinst festsetzt, wie sein Leben sich verfehlt" (Böttiger 2004, S. 289).

Ambivalente Gefühle Koberlings gegenüber Anna

3 Schnellcheck

Übersicht 1: Die Handlungsstruktur in „Sommerhaus, später"

Übersicht 2: Die Handlungsstruktur in „Rote Korallen"

Übersicht 3: Warten als bestimmendes Handlungsmoment in „Hurrikan (Something farewell)"

Übersicht 4: Literaturgeschichtliche Einordnung

Übersicht 5: Gemeinsamkeiten der Erzählungen im Band *Sommerhaus, später*

Übersicht 1: Die Handlungsstruktur in „Sommerhaus, später"

Erzählgegenwart	Erinnerung der Ich-Erzählerin
Dezember Steins Anruf bei Erzählerin; Anlass: sein Hauskauf	Steins Traum von einem Haus auf dem Land
gemeinsame Fahrt mit Steins Taxi nach Canitz	**zwei Jahre zuvor** dreiwöchige Beziehung mit Stein; Zugang des Taxifahrers zur Berliner Künstlerclique
Besichtigung des maroden Hauses in Canitz; erfolgloses Gespräch über gemeinsame Zukunft in Steins Haus	

März
Steins Verschwinden: Reaktionslosigkeit der Erzählerin angesichts seiner Postkarten aus Canitz

Mai
Steins Brandstiftung: Zerstörung des Hauses als symbolisches Beziehungsende

fehlende Einsicht der Ich-Erzählerin in die Endgültigkeit von Steins Entscheidung

112

Gründe für das Scheitern der Beziehung zwischen der Ich-Erzählerin und Stein:

- mangelnde Bereitschaft beider zu einer offenen und direkten Mitteilung eigener Gefühle und Gedanken
- Unmöglichkeit einer Annäherung aufgrund beiderseitiger Ausweich- und Vermeidungsstrategien sowie der Betonung einer gleichgültigen, emotionslosen Grundhaltung
- fehlende Auseinandersetzung der in Passivität verharrenden Ich-Erzählerin sowohl mit ihrem Innenleben als auch den indirekt geäußerten Liebesbekundungen Steins

Das Haus als zentrales Motiv der Erzählung

Wunschdenken Steins:

- Sesshaftigkeit, Stabilität
- Landidyll
- gemeinsame Zukunft mit Ich-Erzählerin

← **Haus in Canitz** →

Wahrnehmung der Ich-Erzählerin:

- einsturzgefährdete Ruine
- trostloses Umfeld
- Nicht-Wahrhaben-Wollen von Steins zaghaften Absichtsbekundungen

Entscheidung Steins:
Befreiung und radikaler Neuanfang durch aktive
Zerstörung des Hauses

Übersicht 2: Die Handlungsstruktur in „Rote Korallen"

Die Geschichte der Urgroßmutter

Während der dreijährigen Abwesenheit ihres Mannes kompensiert die Frau ihre Einsamkeit in Sankt Petersburg durch zahlreiche Liebesaffären.

Aus Furcht vor einer Verlängerung des Russlandaufenthalts eröffnet sie dem Ehemann ihre Untreue, indem sie bekennt, dass das rote Korallenarmband das Geschenk eines Liebhabers ist.

Ihr Mann stirbt im Duell mit dem Liebhaber; die Urgroßmutter bekommt eine Tochter und flieht 1905 in Begleitung Isaak Baruws aus Russland nach Deutschland.

Die Ich-Erzählerin und der fischähnliche Geliebte

Die Ich-Erzählerin hat das Korallenarmband geerbt. Dass sie es ständig trägt, veranschaulicht ihre Identifikation mit der Urgroßmutter, die zu einer Identitätskrise führt.

Ihre Hoffnung auf einen Austausch über ihre Vorfahren mit dem als fischähnlich beschriebenen Geliebten, dem Urenkel von Isaak Baruw, wird enttäuscht.

Sie entschließt sich zu einem Besuch beim Therapeuten ihres Geliebten gegen dessen ausdrücklichen Willen.

Die Sitzung beim Therapeuten

Aus Verunsicherung und Wut über die Schweigsamkeit des Therapeuten zerreißt die Erzählerin den Seidenfaden des Armbands und schleudert ihm die einzelnen Korallen entgegen. Ihr Emanzipationsprozess wird als ein symbolisches Versenken der Korallen und des Therapeuten im Meer geschildert.

Bei ihrer Rückkehr stellt sie den sinnbildlichen Ertrinkungstod ihres Geliebten fest.

Verbindung der drei Teilerzählungen

Bildebende
- Herstellung gedanklicher Verknüpfungen durch das rote Korallenarmband (zentrales Dingsymbol) und das Meeres- beziehungsweise Wassermotiv

Erzählerische Ebene
- refrainartige Infragestellung des Erzählten
- zweimalige Wiederaufnahme des Einleitungssatzes zu Beginn des zweiten und dritten Teils der Erzählung

Ebene der Figurencharakterisierung und -konstellation
- Parallelen zwischen der von Gefühlskälte und Kommunikationslosigkeit geprägten Beziehung der Urgroßmutter zu ihrem Ehemann und derjenigen der Ich-Erzählerin zu ihrem Geliebten
- Thematisierung des Emanzipationsprozesses einer weiblichen Figur in allen drei Teilerzählungen

Bedeutungsvielfalt der roten Korallen

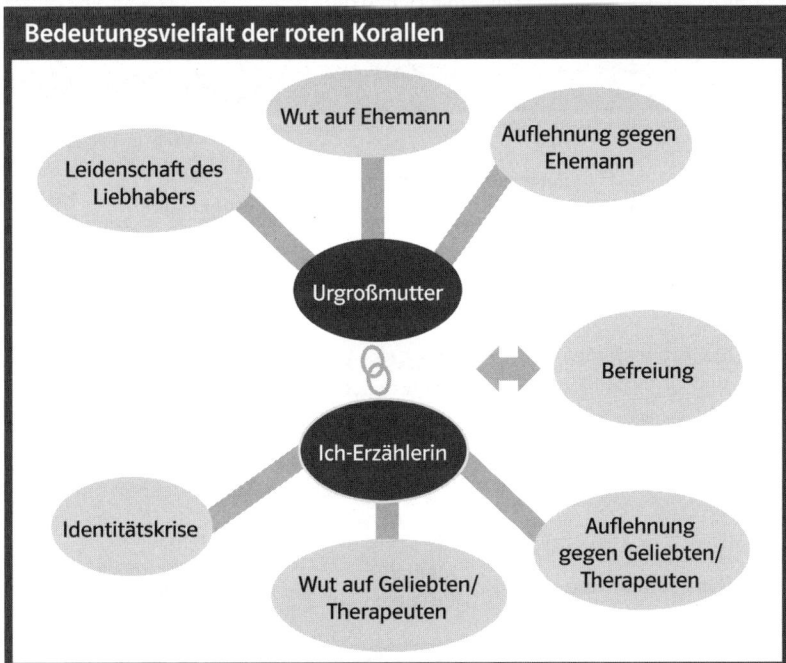

Übersicht 3: Warten als bestimmendes Handlungsmoment in „Hurrikan (Something farewell)"

Bedrohungslage durch den Hurrikan		Vorbeiziehen des Wirbelsturms an der Insel (Jamaika)
Christines Wunschvorstellung eines Lebens mit dem Einheimischen Cat		familiäre Bindungen Cats / Entscheidungsunfähigkeit Christines
Hoffnung Kaspars auf einen Neubeginn mit Nora		Zurückweisung Kaspars und Gleichgültigkeit Noras

ergebnisloses Warten auf nie eintretende Ereignisse

fehlende Entwicklung der Figuren

Noras und Christines Gedankenspiel

„Sich-so-ein-Leben-vorstellen" (31): Noras und Christines Entwurf eines Lebens auf Jamaika

Zivilisationsferne und Einfachheit	Verzicht auf Materielles	traditionelle Geschlechterrollen
naive Idealisierung	mediale Klischees	bewusste ironische Überzeichnung

116

Übersicht 4: Literaturgeschichtliche Einordnung

Nachwendezeit in Berlin

- Berlin der Nachwendezeit als bevorzugter Schauplatz vieler Werke der 1990er-Jahre
- Umsetzung im Band *Sommerhaus, später*: urbane Mentalität der Figuren, Widerspiegelung des während der Entstehung herrschenden Zeitgeists

Judith Hermann (*1970, Berlin)
Sommerhaus, später (1998)

„Literarisches Fräuleinwunder"

- neues, unbeschwertes Erzählen junger Autorinnen der Jahrtausendwende
- Rolle Judith Hermanns: Stilisierung als Ikone dieses Phänomens

Kritik: Fragwürdigkeit der Verwendung des Etiketts für verschiedenartige Texte

Popliteratur

- Ausdruck von Gegenwärtigkeit durch Verschmelzung von Literatur und Popkultur
- Umsetzung im Band *Sommerhaus, später*: Nennungen von Musikern und Bands, Zitate aus Popsongs o.Ä.

117

Übersicht 5: Gemeinsamkeiten der Erzählungen im Band *Sommerhaus, später*

Handlungsgestaltung

- Darstellung alltäglicher, scheinbar belangloser Ereignisse; Handlungsarmut
- Spannungserzeugung mittels unterschwellig angedeuteter Konflikte und Entwicklungsmöglichkeiten der Figuren
- Eröffnen von Interpretationsspielräumen für den Leser durch Auslassungen und Leerstellen, vor allem hinsichtlich der Gefühlswelt der Figuren
- untergeordnete Rolle des jeweiligen Schauplatzes gegenüber der Vermittlung von Atmosphäre, Lebensgefühl und Beziehungen zwischen den Figuren

Dominierende Figurenmerkmale

- Mattheit und Antriebslosigkeit
- Melancholie, Langeweile und innere Leere
- Fassade der Gleichgültigkeit und Emotionslosigkeit
- Verunsicherung und Orientierungslosigkeit
- Selbstentfremdung in physischer und psychischer Hinsicht
- fehlende Auseinandersetzung mit Gedanken und Gefühlen anderer, Mangel an Empathie
- Bindungsangst und -unfähigkeit
- Konzentration auf das Ich und Kommunikationslosigkeit
- unbestimmte Sehnsucht und Ziellosigkeit
- passive Akzeptanz der Lebensumstände, Überforderung durch Notwendigkeit zur Entscheidung und/oder die Aussicht auf möglicherweise bevorstehende bzw. tatsächlich eintretende Veränderungen
- Rückzug aus der Realität in Träume und Erinnerungen

Sprache und Erzähler

Verzicht auf logisch-kausale Erklärungen

- nebengeordnete, aneinandergereihte Sätze
- Aufzählungen
- Häufigkeit der Konjunktion "und"

emotionsloser Sprachstil

- wenige Adjektive
- Häufigkeit des Verbs "sagte"

Schlichtheit, Reduktion und Wiederholung als sprachliche Merkmale eines lakonischen Tons

Erzählinstanz und Figuren als Beobachter

Beschreibung statt Bewertung

Die Ich-Erzählerin in "Sommerhaus, später":

- fehlende Einsicht in das eigene Innenleben
- keine Deutung eigener oder fremder Handlungsweisen

Die Ich-Erzählerin in "Rote Korallen":

- Aussparungen bezüglich der Gedanken- und Gefühlswelt
- kommentarlose Beschreibung des Geliebten (aber: Ansätze zur Selbstreflexion)

Er-/Sie-Erzählform in "Hurrikan":

- Darstellung des Geschehens aus wechselnden Perspektiven
- schwach ausgeprägte Einsicht in das Innenleben der Figuren

4 Prüfungsaufgaben und Lösungen

1. Die Beziehung zwischen Stein und der Ich-Erzählerin in „Sommerhaus, später"

2. Die Geschichte der Urgroßmutter in „Rote Korallen"

3. Der Erzählvorgang in „Rote Korallen"

4. Ergebnisloses Warten in „Hurrikan (Something farewell)"

5. Judith Hermanns Figuren auf der Sinnsuche

1. Die Beziehung zwischen Stein und der Ich-Erzählerin in „Sommerhaus, später"

Aufgabenstellung

Erschließe und interpretiere S. 148 (Anfang des dritten Absatzes) – S. 152 (Ende des dritten Absatzes) der Erzählung „Sommerhaus, später". Arbeite dabei auch das Verhältnis zwischen Stein und der Ich-Erzählerin sowie die Darstellung des Hauses heraus.

Lösungsvorschlag

Strukturierte Inhaltsangabe
- Betreten des Grundstücks: Angst der Ich-Erzählerin vor einem Einsturz des Hauses; Widerwillen angesichts des baufälligen Zustandes; Vermittlung von Halt und Orientierung durch Steins Hand
- Betrachtung des Inneren im letzten Tageslicht: desolater Zustand, fehlende/defekte Türen; Steins traumverlorene Betrachtung des Hauses
- Konfrontation im Garten: Steins grobes Verhalten gegenüber der Ich-Erzählerin; wütende Darstellung seiner Pläne, das Haus gemäß den Bedürfnissen der Berliner Clique zu gestalten; Irritation der Ich-Erzählerin; Beschwichtigungs- und Entschuldigungsversuche Steins
- Wiederannäherung auf der Veranda: gemeinsames Rauchen und Formulieren halbherziger Zukunftspläne; ambivalente Sehnsucht der Ich-Erzählerin nach einem Gefühl der Nähe zu Stein
- Konflikt hinsichtlich der Bedeutung des Hauses: Bitte der Ich-Erzählerin um Erklärung Steins; vorgebliche Verständnislosigkeit angesichts seines nur indirekt geäußerten Angebots einer gemeinsamen Zukunft in Canitz

Sprache und Erzählweise
- Belege für emotionsarme Sprache und lakonischen Erzählton: einfacher Wortschatz, Nähe zur Alltagssprache, Adjektivarmut, neutrales Verb „sagte"
- Beiläufigkeit des Erzählens durch nebengeordnete, aneinandergereihte Sätze und Aufzählungen; Verzicht auf logisch-kausale Erklärungen
- Wiederholungen am Satzanfang: „Er" – „Ich" zur Betonung der Distanz der Figuren
- Veranschaulichung der inneren Erregung der Figuren durch Ausrufe: Angst der Ich-Erzählerin vor möglichem Einsturz des Hauses versus Begeisterung Steins (vgl. 149)

- Kette von Fragen der Ich-Erzählerin als Ausweichmanöver aufgrund von Steins indirekter Liebeserklärung (vgl. 152)
- Spiegelung des Mangels an Kommunikation zwischen den beiden Figuren durch knappe, bruchstückhafte Äußerungen (vgl. 150 f.)
- Bedeutungslosigkeit einer möglichen Beziehung beider: Parallelismus/Wiederholungen „Du kannst sie wahrnehmen" / „Ich kann sie wahrnehmen" / „Wir können sie zusammen wahrnehmen" (152)
- Berichtende/beschreibende Darstellung des Geschehens durch die Ich-Erzählerin; fehlende Reflexion trotz der durch das Präteritum vermittelten zeitlichen Distanz
- Meist zeitraffende Darstellung; bei Dialogen auch zeitdeckendes Erzählen

Verhältnis zwischen Ich-Erzählerin und Stein
- Unentschlossenheit und Ambivalenz der Ich-Erzählerin gegenüber Stein: Betonung der winterlichen Kälte und des abweisenden Charakters von Steins Hand (vgl. 149) ↔ Ergreifen der Hand, Angst, diese wieder zu verlieren (vgl. ebd.); Wahrnehmung der Hand als „warm und weich" (151); Widerwillen gegenüber der eigenen Sehnsucht nach Nähe Steins (vgl. 152); Zurückzucken bei dessen Berührung (vgl. 151)
- Unvermögen und/oder Unwillen der Ich-Erzählerin zur Auseinandersetzung mit ihren Gefühlen; daraus resultierende Verwirrung: „Ich verstand nichts. Sehr fern verstand ich doch etwas, aber es war noch viel zu weit weg" (151)
- Bindungsangst der Ich-Erzählerin; Furcht vor der Wucht von Steins Emotionen (vgl. 151); Verweigerung eines Gesprächs auf der emotionalen Ebene (vgl. 152); gelegentliches Eingehen auf möglichen zukünftigen Aufenthalt in Steins Haus aus unbestimmtem Schuldgefühl heraus (vgl. 151)
- Mangelnde Offenheit Steins gegenüber der Ich-Erzählerin: nur indirektes Angebot einer gemeinsamen Zukunft (vgl. 152); fehlende Erklärung seiner Wut und Kränkung (vgl. 150 und 152)
- Scheitern der Annäherungsversuche; Misslingen der Kommunikation

Darstellung des Hauses
- Baufälliger Zustand, sinnbildliche Spiegelung des Zustands der Beziehung zwischen Ich-Erzählerin und Stein: Umsinken des Tors mit metaphorischem „Klagelaut" (148), Herausfallen eines „Fensterrahmen[s] aus dem Haus" (149), zersplitterte Scheiben, fehlende oder defekte Türen (vgl. ebd.)
- Auslöser von Ängsten, Enttäuschung und Unsicherheit der Ich-Erzählerin, Abwehrhaltung angesichts der Verwahrlosung der Veranda (vgl. ebd.) ↔ Haus als Objekt des Staunens und der zärtlichen Annäherung Steins, Ge-

genstand seiner Tagträume (vgl. 150), Verkörperung der Hoffnung auf Stabilität und Sicherheit sowie auf Beendigung seines unsteten Lebens
- Verdeutlichung der Kluft zwischen Stein und der Künstlerclique mittels seiner Pläne für das Haus (vgl. ebd.)
- Haus als Botschaft einer indirekten Liebeserklärung Steins, dabei Betonung der Beliebigkeit der Zukunftspläne durch dessen Benennung als „eine Möglichkeit, eine von vielen" (152)

2. Die Geschichte der Urgroßmutter in „Rote Korallen"

Aufgabenstellung

Erschließe und interpretiere S. 14 (zweiter Absatz) – S. 16 der Erzählung „Rote Korallen". Arbeite dabei auch die Bedeutung des Korallenarmbands heraus.

Lösungsvorschlag

Strukturierte Inhaltsangabe
- Affären der Urgroßmutter während der Abwesenheit des Urgroßvaters: Kompensation ihres emotionalen Defizits, schmeichelnde Worte der Liebhaber als Gegensatz zu sachlichen Briefen ihres Mannes über die von ihm gebauten Öfen; trotz gegenteiliger Versprechen allmähliche Verlängerung seiner Reise auf drei Jahre; anschließende Ankündigung seiner Rückkehr und einer letzten Dienstreise
- Vorbereitung der Urgroßmutter für das erste Abendessen mit ihrem Mann nach dessen Rückkehr: nach längerer Überlegung bewusstes Anlegen des Korallenarmbands, eines der Geschenke ihrer zahlreichen Liebhaber
- Verständigungsprobleme während des Abendessens: Erklärungen zu Reiseeindrücken, Landschaft und Tätigkeiten des Urgroßvaters auf Russisch, Ankündigung einer letzten Reise nach Wladiwostok vor der gemeinsamen Rückkehr nach Deutschland; fehlende Sprachkenntnisse der Urgroßmutter
- Eröffnung der Untreue der Urgroßmutter: Angst vor weiterer längerer Abwesenheit ihres Mannes: Eingeständnis ihrer Untreue durch die Präsentation des Korallenarmbands und im Zuge der schockierten Nachfrage des Urgroßvaters auf Deutsch Erklärung, es stamme von Nikolaij Sergewitsch

Sprache und Erzählweise
- Wechsel zwischen poetischem und sachlich-nüchternem Ton
- Beiläufigkeit des Erzählens durch nebengeordnete, aneinandergereihte Sätze und Satzteile; Aussparung der Kausalzusammenhänge durch Verwendung der Konjunktion „und"
- Emotionslose Welt des Großvaters: Aufzählung der Ofenarten (vgl. 14) ↔ Leidenschaft der Liebhaber: Aufzählung ihrer Geschenke (vgl. 15)

- Wiederholte antithetische Gegenüberstellung „Mein Urgroßvater" / „Meine Urgroßmutter" am Satzanfang: Betonung der Entfremdung beider sowie des Verwandtschaftsverhältnisses zur Ich-Erzählerin
- Häufige Anaphern „er" und „sie" zur Betonung der Beziehungslosigkeit der FigurenMacht der Sprache: Antithese „Meine Urgroßmutter verstand ihn nicht. Aber sie verstand des Wort Wladiwostok" (16)
- Vermittlung der weit zurückliegenden Geschichte der Urgroßmutter durch ihre Urenkelin, die Ich-Erzählerin, im Präteritum
- Aussparung der Gedanken und Gefühle der Urgroßmutter an entscheidenden Stellen (Verbrennen der Briefe des Urgroßvaters, Anlegen des Korallenarmbands, Gespräch mit dem Urgroßvater)
- Beschränkung auf die Außenperspektive zur Darstellung des Urgroßvaters
- Hervorheben der Bedeutung des Gesprächs über das Korallenarmband durch direkte Rede im Gegensatz zur fast ausschließlichen Verwendung indirekter Rede im Konjunktiv (=> Distanz) im restlichen Text und zeitdeckendes (versus zeitraffendes) Erzählen

Figurengestaltung

Urgroßmutter
- Kompensation ihres emotionalen Defizits in der Ehe durch Leidenschaft der Liebhaber" (vgl. 14)
- Verbrennen der sachlichen, von verschiedenen Ofentypen handelnden Briefe ihres Mannes aus Verärgerung über dessen fehlendes Einfühlungsvermögen und Interesse (vgl. ebd.)
- Gespür für die Poesie von Sprache; Bedürfnis nach Liebesbekundungen in sprachlicher Form (vgl. ebd.)
- Beherrschung ihrer Gefühle, Unterordnung: Lächeln trotz Verwendung der ihr unbekannten russischen Sprache durch den Urgroßvater, Verbergen des Armbands unter dem Tisch
- Gegenwehr der Urgroßmutter, Präsentation des Armbands erst beim Wort „Wladiwostok" (16), das eine Verlängerungen ihres Leidens signalisiert

Urgroßvater
- Vernachlässigung der emotionalen Bedürfnisse seiner Frau, Konzentration auf die eigene Karriere (vgl. 14 f.)
- Ausweichen auf Sachthemen, Ignoranz gegenüber fehlenden Russischkenntnissen seiner Frau (vgl. 16)
- Schock und Überraschung angesichts der Untreue seiner Frau (vgl. ebd.)

Bedeutung des Korallenarmbands
- Symbol für Erotik und Verführung sowie der leidenschaftlichen Gefühle Nikolaij Sergejwitschs gegenüber der Urgroßmutter (vgl. 15)
- Verkörperung der aufgestauten Aggressionen der Urgroßmutter aufgrund ihrer Einsamkeit sowie der Gefühlskälte und des Desinteresses ihres Mannes: wiederholter Vergleich „rot wie die Wut" (15, 16)
- Kennzeichnung der Urgroßmutter als Ehebrecherin durch Kontrast zwischen weißer Hautfarbe und rotem Armband (vgl. 15)
- Symbol ihrer Emanzipation und wortlosen Auflehnung gegenüber ihrem Ehemann

3. Die Bedeutung des Erzählens in „Rote Korallen"

Aufgabenstellung

Untersuche die Bedeutung des Erzählens in „Rote Korallen". Berücksichtige dabei sowohl die Handlungs- und Figurenebene als auch die Reflexion des Erzählvorgangs durch die Ich-Erzählerin.

Lösungsvorschlag

Reflexion des Erzählvorgangs durch die Ich-Erzählerin
- Dreimalige Auseinandersetzung mit dem Erzählten in Form einer Art Refrain, Infragestellung der Authentizität der Erzählung, Betonung des fiktionalen Charakters der Geschichte, Einbeziehung des Lesers durch Frageform: „Ist das die Geschichte, die ich erzählen will?" (11, 19) und „War das die Geschichte, die ich erzählen wollte" (29)
- Verknüpfung der drei Teile des Textes durch die Platzierung dieser Frage zu Beginn und Ende sowie zu Beginn der Erzählung über den Geliebten
- Autobiographische Erklärung Judith Hermanns: selbstvergewissernde Funktion dieser Fragen als Ausdruck ihrer eigenen Unsicherheit als unerfahrene Autorin

Erzählen als innere Notwendigkeit und Mittel zur Identitätsfindung der Ich-Erzählerin
- Gefühl der Belastung der Ich-Erzählerin durch „zu viele Geschichten" (26), Drang danach, sich von diesen zu befreien
- Verknüpfung zwischen der Aufarbeitung der Lebensgeschichte ihrer Urgroßmutter und der Loslösung davon zur eigenen Identitätsfindung: „Ich will die Geschichten erzählen [...]! Die Petersburger Geschichten, die alten Geschichten, ich will sie erzählen, um aus ihnen hinaus, und fortgehen zu können" (24)
- Realisierung dieses Vorhabens in Form der vorliegenden Erzählung wegen fehlender Möglichkeit dazu im privaten Umfeld und des Scheiterns einer therapeutischen Aufarbeitung; Erzählung „Rote Korallen" als Zeugnis der geglückten Identitätsfindung der Ich-Erzählerin

Erzählen als Auslöser von Konflikten mit dem Geliebten
- Hoffnung der Ich-Erzählerin auf Trost durch den Geliebten aufgrund der gemeinsamen Beschäftigung mit der Vergangenheit und der gemeinsamen Geschichte ihrer Vorfahren (vgl. 19)

- Hoffnung der Ich-Erzählerin, durch ihren Geliebten eine neue Sichtweise der Ereignisse in Sankt Petersburg zu erlangen (vgl. ebd.)
- Enttäuschung dieser Hoffnungen durch fehlende Kenntnisse des Geliebten über seinen Urgroßvater (vgl. 20) und seine mangelnde Gesprächsbereitschaft: „Aber mein Geliebter sprach nicht. Und er wollte nichts hören [...]" (ebd.)
- Behauptung des Geliebten, dass die Vergangenheit abgeschlossen sei, und Betonung seines fehlenden Interesses an den „Geschichten" (21) als Ausdruck seiner Abwehrhaltung gegenüber der Ich-Erzählerin
- Behauptung des Geliebten, keine eigene erzählenswerte Biographie, keine „Geschichte" zu besitzen (vgl. 21), als Symptom seiner Weigerung, sich gegenüber der Ich-Erzählerin zu öffnen
- Entlarvung der Haltung des Geliebten als Schutzbehauptung und Fassade durch seine Besuche bei einem Therapeuten (vgl. 21) und das dortige Sprechen über sich selbst
- Tabuisierung des Erzählens über die Vergangenheit und eines möglichen Besuchs der Ich-Erzählerin bei dem Therapeuten als Auslöser des Streits (vgl. 24 f.) und der Trennung beider (vgl. 25 und 29)

Erzählen als Grund der Auflehnung der Ich-Erzählerin gegen den Therapeuten
- Resignation, Wut und Aggression angesichts des Schweigens und vermeintlichen Desinteresses des Therapeuten gegenüber der Ich-Erzählerin und daraus resultierendes Hemmnis, die auf ihr lastenden Geschichten zu erzählen (vgl. 25 f.)
- Befreiung der Ich-Erzählerin durch physische Aggression und das gedankliche Versenken und Wegschwemmen der Geschichten (vgl. 28 f.) statt durch verbales Erzählen

4. Ergebnisloses Warten in „Hurrikan (Something farewell)"

Aufgabenstellung

Erschließe und interpretiere S. 50 („Der Hurrikan streift Costa Rica") – S. 54 (Ende) der Erzählung „Hurrikan (Something farewell)". Arbeite dabei auch das Motiv des vergeblichen Wartens heraus.

Lösungsvorschlag

Strukturierte Inhaltsangabe
- Herannahen des Hurrikans: bereits verursachte Zerstörungen auf Costa Rica, Fortdauern der Warnmeldungen, Vorkehrungen Kaspars
- Konflikt zwischen Christine und Kaspar wegen des Hurrikans: Christines Herbeisehnen der durch den Hurrikan möglicherweise ausgelösten Dynamik des Geschehens, Kaspars Vorwurf naiver und weltfremder Sensationsgier und Entscheidungsunfähigkeit Christines; Kaspars wütende Entlarvung von Christines Lüge, ihren Rückflug wegen des Hurrikans verschieben zu müssen
- Ankunft Christines, Noras und Kaspars bei Brenton: Christines Wunsch, Brentons Platz am letzten Urlaubsabend zu besuchen; ihre nervöse Suche nach Cat in der dunklen Umgebung
- Cats und Christines Kuss: Christines Lügen hinsichtlich einer Fortsetzung ihres Flirts mit Cat in der Zukunft, Vermischung des tatsächlichen Kusses mit ihren Wunschvorstellungen; Kaspars Aufforderung zur Rückkehr als Signal, die für Christine fremde Situation zu verlassen
- Christines nächtliche Abfahrt: vergebliches Hoffen auf Begleitung durch Nora, Bewusstwerden des Endes der Urlaubsgewohnheiten, Taxi-Fahrt zum Flughafen
- Noras Brief: Vorbeiziehen des Hurrikans, Cats Hoffnung auf Christines Rückkehr

Figurengestaltung

Kaspar
- Unklare Motive für Ablehnung der angebotenen Evakuierung durch die deutsche Botschaft (vgl. 50), eventuell Wunsch nach Bewährung in der neuen Heimat durch Fürsorge gegenüber den Dorfbewohnern (vgl. ebd.)
- Kritik an verantwortungsloser und egozentrischer Verhaltensweise Christines und an ihrem leichtfertigen, falsche Hoffnungen weckenden Flirt mit Cat (vgl. 51 und 54)

Christine
- Sehnsucht nach Beendigung der Stagnation und Entwicklungslosigkeit ihres Lebens durch die zerstörerische Dynamik des Hurrikans (vgl. 50 f.)
- Missbrauch der Gastfreundschaft Kaspars in Form einer Lüge hinsichtlich ihres angeblich problematischen Rückflugs (vgl. 51)
- Fehlendes Verantwortungsgefühl gegenüber möglichen Konsequenzen ihres Flirts für Cats weiteres Leben, bewusstes Vortäuschen einer längerfristigen Perspektive für ihre Beziehung: Lügen „ohne Mühe" (53)
- Erstaunen über die Fremdheit Cats und seines Kusses (vgl. ebd.), Auseinanderklaffen ihrer Wunschvorstellungen und des tatsächlichen Erlebens (vgl. ebd.)
- Verwirrung und Entfremdung von sich selbst als Reaktion auf den Kuss (vgl. 52 f.)

Cat
- Betonung seiner Fremdheit und Exotik (Geruch nach „Petroleum, Erde, Rum, Haschisch", 53), seiner knackenden Kiefer und der Größe seines Mundes (vgl. ebd.)
- Naivität gegenüber Christines kurzlebigem, unverbindlichem Interesse (vgl. 53 f.)

Sprache und Erzählweise
- Unterstreichen der Belanglosigkeit des Geschehens durch schlichten, alltagsnahen Wortschatz
- Beiläufigkeit und Gegenwärtigkeit des Erzählens durch nebengeordnete, aneinandergereihte Sätze und Satzteile, Aufzählungen und Wortwiederholungen am Satzanfang (Anaphern)
- Ausdruck der Verunsicherung Christines durch rhetorische Fragen (vgl. 53)
- Wechsel des Erzähltempus ohne Einfluss auf die Distanz zu den Erlebnissen
- Dominanz personalen Erzählens aus der Perspektive Christines: Darstellung von Sinneswahrnehmungen, Gedanken und Gefühlen ohne tiefergehende Reflexionen der jeweiligen Situationen
- Einzelne Einschübe zur Vermittlung von Kaspars Sicht; Verfolgung von Cats Blick
- Ironische Distanz zum Geschehen durch auktorialen Kommentar: „Natürlich hat Christine Cat geküßt an diesem letzten Abend" (51)
- Lineares Erzählen, Zeitdeckung bei dialogischen Passagen in direkter Rede sowie Raffungen und Zeitsprünge

Motiv des ergebnislosen Wartens
- Vorbeiziehen des Hurrikans, Ausbleiben einer Naturkatastrophe größeren Ausmaßes
- Signal für die Fortführung des von Ereignis- und Entscheidungslosigkeit geprägten Lebens der Figuren: Christines Verharren in ihrer Entscheidungs- und Bindungsunfähigkeit sowie ihrer Flucht vor der Wirklichkeit (vgl. 53 f.); Cats vergebliche Hoffnung auf eine Rückkehr Christines (vgl. ebd.)

5. Judith Hermanns Figuren auf der Sinnsuche

Aufgabenstellung

1. Arbeite die wesentlichen Thesen des folgenden Textes über Judith Hermanns Erzählband Nichts als Gespenster heraus.
2. Erörtere anschließend, inwieweit diese auf die Erzählungen in *Sommerhaus, später* übertragbar sind.

Uta Stuhr: „Kult der Sinnlosigkeit oder die Paradoxie der modernen Sinnsuche. Judith Hermanns Erzählungen *Nichts als Gespenster.*" In: Christiane Caemmerer / Walter Delabar / Helga Meise (Hrsg.): *Fräuleinwunder literarisch. Literatur von Frauen zu Beginn des 21. Jahrhunderts,* Frankfurt am Main: Peter Lang, 2005, S. 37–51, hier S. 37–41.

[...] Ob es um die Kleiderwahl geht, um die Ortswahl oder die Dauer einer Reise oder ob es sich um die existentielleren Fragen nach den Beweggründen und Motivationen für eine Reise handelt, die Hermannschen Figuren wissen nie so genau, warum sie handeln und oder nicht handeln. Immer wieder sind sie in den wichtigen und unwichtigen Momenten ihres Lebens verunsichert [...].
Diese Form permanenter Unwissenheit über die eigene seelische Verfassung macht sie zu Suchenden und Fragenden. In den sieben Erzählungen des 2003 erschienenen Bandes *Nichts als Gespenster* von Judith Hermann treiben die Figuren ziel- und orientierungslos durch die Welt, auf der Suche nach einem vagen Sinn, nach Erfüllung einer nicht zu definierenden Sehnsucht. Dennoch scheint sie auch der Wunsch, irgendwo anzukommen – sei es metaphorisch an einem Ort innerer Gewissheit oder ganz konkret an einem Ort, dem sie sich zugehörig fühlen können – bei ihrer Suche anzutreiben. [...]
Ausgangspunkt aller Erzählungen ist der Gestus des Sehnens und Suchens der Protagonisten. Es stellt sich die Frage, wie sich diese Suche der Figuren gestaltet. Welche Wege schlagen sie ein, um ihrer Daseins-Ratlosigkeit zu begegnen?
Die Reisen selbst [...] spielen bei der Suche keine entscheidende Rolle. Das Fremde und die Distanz zur eigenen vertrauten Lebenswelt – klassische Mittel, um die Wahrnehmung zu schärfen und einen neuen Blick auf das eigene Leben zu gewinnen – werden nicht als Erkenntnismöglichkeit genutzt. Die Schauplätze scheinen im Gegenteil nahezu austauschbar zu sein, denn es handelt sich vor allen Dingen um eine Reise in die Welt der Beziehungen. Die Suche nach Sinn konzentriert sich auf den Raum des Privat-Persönlichen. Die soziale, politische und gesellschaftliche Wirklichkeit wird aus dieser Sphäre konsequent ausgeschlossen. [...]
Einer inneren Sehnsucht folgend, verlegen die ausschließlich weiblichen Ich-Erzählerinnen [...] ihre Suche in den Mikrokosmos der Gefühle. [...]
Angesichts dieser allen Figuren innewohnenden Sehnsucht stellt sich die Frage,

ob sie versuchen, diesem inneren Verlangen eine konkrete, lebendige Gestalt zu verleihen, oder ob sie es vorziehen, sich mit einer nebelhaft- unbestimmten Vision ihrer Existenz zu begnügen. Kann die Welt der Realitäten, auch das ist eine offene Frage, den unbestimmten Drang nach Leben, Liebe und Glück befriedigen? [...]

In den wenigen Passagen des Bandes, in denen die Sehnsucht feste gedankliche Konturen annimmt, entpuppt sie sich als bemerkenswert banal. [...] Das Bedürfnis, dem Schwebezustand der Unwissenheit und Unentschlossenheit ein Ende zu setzen, schlägt hier in das radikale Gegenteil um, in ein wohlüberschaubares, häusliches Universum im Kleinformat. [...]

Auch wenn die Suchenden zu Liebenden werden, wenn sich die Sehnsucht auf einen wirklichen, lebendigen Menschen richtet und der Traum von der Begegnung in Erfüllung gehen könnte, hadern die Figuren mit der Wirklichkeit. Die Realität, so lautet die in den Erzählungen immer wieder variierte ernüchternde Erkenntnis, hält der Vorstellung nicht stand. [...]

Aus Furcht, erkennen zu müssen, dass die eigene Traum-Schöpfung mehr Intensität verspricht als die Realität, treten die Figuren den Rückzug an. Es ist eine Flucht in den sicheren, aber einsamen Raum der Imagination, der nur noch die Illusion von Zweisamkeit wecken kann. [...]

Lösungsvorschlag

Zu 5.1

- Ständige Verunsicherung der Figuren, fehlende Einsicht in die eigene Befindlichkeit und Handlungsmotivation
- Sinnsuche als bestimmendes Merkmal der Figuren: Streben sowohl nach „Erfüllung einer nicht zu definierenden Sehnsucht" als auch nach Ankunft an einem „Ort" in Form „innerer Gewissheit" beziehungsweise eines Gefühls der Zugehörigkeit
- Bedeutungslosigkeit des Reisens bei dieser Sinnsuche, Austauschbarkeit der jeweiligen Schauplätze
- Konzentration der Suche auf „den Raum des Privat-Persönlichen", der Emotionen und „Beziehungen"
- Banalität der konkret angebotenen Modelle zur Sehnsuchtserfüllung, „wohlüberschaubares, häusliches Universum im Kleinformat" als Gegenpol zu einem durch Unbestimmtheit geprägten Lebensentwurf
- „Rückzug der Figuren" in den „einsamen Raum der Imagination" aus Angst vor der Diskrepanz zwischen Wunschvorstellungen und Wirklichkeit

Zu 5.2

- Verunsicherung der Figuren als dominierendes Merkmal, Ich-Erzählerin in „Sommerhaus später" als prototypisches Beispiel mangelnder Einsicht in die eigene Gefühlswelt; ausdrückliche Erwähnung dieser Haltung vonseiten Noras in „Hurrikan (Something farewell)"

- Sehnsucht als Antriebsmoment der Figuren des ersten Erzählbandes von Judith Hermann; Verdeutlichung beispielsweise in „Hurrikan" durch Christines Sehnsucht nach einem Ausbruch aus Starre und Monotonie und der Fahrt in fremde Länder
- Beispiele für den Wunsch des Ankommens: Steins Bedürfnis nach Stabilität und Sesshaftigkeit, versinnbildlicht durch den Kauf des Hauses in Canitz („Sommerhaus, später"); Christines und Noras Traum eines einfachen Lebens auf Jamaika in „Hurrikan"
- Kulissenhafter Charakter der Schauplätze in „Sommerhaus, später", Betonung des jeweils damit verbundenen Lebensgefühls als Beweis für die Bedeutungslosigkeit der konkreten Orte; exemplarisches Beispiel: klischeehafte Beschreibung Jamaikas in „Hurrikan"
- Ausblenden der gesellschaftlichen Verhältnisse und historischen Gegebenheiten; allenfalls vereinzelte Thematisierung, etwa in Form der Konflikte zwischen Berlinern und Bewohnern des Umlandes in „Sommerhaus, später" oder der Erwähnung von Christines Hautfarbe als möglichem Grund ihrer Anziehungskraft auf Cat
- Traditionell-bürgerlich wirkender Charakter der Wunschvorstellungen vieler Figuren; zugleich aber: Dekonstruktion dieser Vorstellungen, etwa Scheitern der Utopie Steins in „Sommerhaus, später" oder fehlende Realisierung von Christines Traumen in „Hurrikan"
- Rückzug der Ich-Erzählerin in „Sommerhaus, später" auf vage Hoffnungen und passives Abwarten; aber: aktives Handeln Steins durch Zerstörung seines Hauses

Literaturhinweise

Blamberger, Günter: Poetik der Unentschiedenheit: Zum Beispiel Judith Hermanns Prosa. In: Paul Michael Lützeler / Stephan K. Schindler (Hrsg.): Gegenwartsliteratur. Ein germanistisches Jahrbuch. 5/2006. Schwerpunkt: Elfriede Jelinek. Tübingen: Stauffenberg, 2006. S. 186–206.

Böttiger, Helmut: Judith Hermann und ihre Gespenster. In: H. B.: Nach den Utopien. Eine Geschichte der deutschsprachigen Gegenwartsliteratur. Wien: Paul Zsolnay, 2004. S. 286–296.

Borgstedt, Thomas: Wunschwelten: Judith Hermann und die Neuromantik der Gegenwart. In: Paul Michael Lützeler / Stephan K. Schindler (Hrsg.): Gegenwartsliteratur. Ein germanistisches Jahrbuch. 5/2006. Schwerpunkt: Elfriede Jelinek. Tübingen: Stauffenberg, 2006. S. 207–232.

Caemmerer, Christiane / Delabar, Walter / Meise, Helga: Die perfekte Welle. Das literarische Fräuleinwunder wird besichtigt. Eine Einleitung. In: Ch. C. / W. D. / H. M. (Hrsg.): Fräuleinwunder literarisch. Literatur von Frauen zu Beginn des 21. Jahrhunderts. Frankfurt am Main: Peter Lang, 2005. S. 7–11.

Delabar, Walter: Reload, remix, repeat – remember. Chronikalische Anmerkungen zum Wunder des Fräuleinwunders. In: Christiane Caemmerer / W. D. / Helga Meise (Hrsg.): Fräuleinwunder literarisch. Literatur von Frauen zu Beginn des 21. Jahrhunderts. Frankfurt am Main: Peter Lang, 2005. S. 231–249.

Dreier, Ricarda: Literatur der 90er-Jahre in der Sekundarstufe II. Judith Hermann, Benjamin von Stuckrad-Barre und Peter Stamm. Baltmannsweiler: Schneider Verlag Hohengehren, 2006.

Hage, Volker: Ganz schön abgedreht. In: Der Spiegel 12 (1999) S. 244–246.

Herrmann, Leonhard / Horstkotte Silke: Gegenwartsliteratur. Eine Einführung. Stuttgart: Metzler, 2016.

Kocher, Ursula: Die Leere und die Angst – Erzählen „Fräuleinwunder" anders? Narrative Techniken bei Judith Hermann, Zoë Jenny und Jenny Erpenbeck. In: Christiane Caemmerer / Walter Delabar / Helga Meise (Hrsg.): Fräuleinwunder literarisch. Literatur von Frauen zu Beginn des 21. Jahrhunderts. Frankfurt am Main: Peter Lang, 2005. S. 53–72.

Meise, Helga: „Mythos Berlin. Orte und Nicht-Orte bei Julia Franck, Inka Parei und Judith Hermann." In: Christiane Caemmerer / Walter Delabar / H. M. (Hrsg.): Fräuleinwunder literarisch. Literatur von Frauen zu Beginn des 21. Jahrhunderts. Frankfurt am Main: Peter Lang, 2005. S. 125–150.

Mingels, Annette: Das Fräuleinwunder ist tot – es lebe das Fräuleinwunder. Das Phänomen der „Fräuleinwunder-Literatur" im literaturgeschichtlichen Kontext. In: Ilse Nagelschmidt / Lea Müller-Dannhausen / Sandy Feldbacher (Hrsg.): Zwischen Inszenierung und Botschaft. Zur Literatur deutschsprachiger Autorinnen ab Ende des 20. Jahrhundert. 2., durchgesehene Auflage. Berlin: Frank & Timme, 2012. S. 13–38.

Müller, Heidelinde: Das „literarische Fräuleinwunder" – Inszenierungen eines Medienphänomens. In: Ilse Nagelschmidt / Lea Müller-Dannhausen / Sandy Feldbacher (Hrsg.): Zwischen Inszenierung und Botschaft. Zur Literatur deutschsprachiger Autorinnen ab Ende des 20. Jahrhundert. 2., durchgesehene Auflage. Berlin: Frank & Timme, 2012. S. 39–57.

Pfäfflin, Sabine: Auswahlkriterien für Gegenwartsliteratur im Deutschunterricht. Baltmannsweiler: Schneider Verlag Hohengehren, 2007.

Prangel, Matthias: Eine andere Art von Rückblick. Gespräch mit Judith Hermann über „Sommerhaus, später". Deutsche Bücher – Forum für Literatur 31 (2001) H. 4. S. 279–297. Zit. nach: http://literaturkritik.de/public/rezension.php?rez_id=5689

Sander, Julia Catherine: Zuschauer des Lebens. Subjektivitätsentwürfe in der deutschen Gegenwartsliteratur. Bielefeld: transcript, 2015.

Stopka, Katja: Aus nächster Nähe so fern. Zu Erzählungen von Terézia Mora und Judith Hermann. In: Matthias Harder (Hrsg.): Bestandsaufnahmen. Deutschsprachige Literatur der neunziger Jahre aus interkultureller Sicht. Würzburg: Königshausen & Neumann, 2001. S. 147–166.

Voigt, Claudia: Im Schatten des Erfolgs. In: Der Spiegel 5 (2003) S. 140–143.

Vollmer, Hartmut: EinFach Deutsch Unterrichtsmodell. Judith Hermann: Sommerhaus, später. Hrsg. von Johannes Diekhans. Paderborn: Schöningh, 2014.

Stichwortverzeichnis

Lektürehilfen – Literatur erleben!

Unsere Titel auf einen Blick:

Alfred Andersch
Sansibar o.d.letzte Grund
ISBN 978-3-12-923091-6

Bertolt Brecht
Der gute Mensch von Sezuan
ISBN 978-3-12-923081-7
Leben des Galilei
ISBN 978-3-12-923066-4
Mutter Courage und ihre Kinder
ISBN 978-3-12-923108-1

Georg Büchner
Dantons Tod
ISBN 978-3-12923133-3
Lenz
ISBN 978-3-12-923089-3
Woyzeck
ISBN 978-3-12-923005-3

Droste-Hülshoff
Die Judenbuche
ISBN 978-3-12-923098-5

Friedrich Dürrenmatt
Die Physiker
ISBN 978-3-12-923079-4
Der Besuch der alten Dame
ISBN 978-3-12-923127-2
Der Richter und sein Henker
ISBN 978-3-12-923093-0

Theodor Fontane
Effi Briest
ISBN 978-3-12-923135-7

Max Frisch
Andorra
ISBN 978-3-12-923075-6
Biedermann und die
Brandstifter
ISBN 978-3-12-923094-7
Homo faber
ISBN 978-3-12-923119-7

Johann Wolfgang von Goethe
Faust – Erster Teil
ISBN 978-3-12-923126-5
Iphigenie auf Tauris
ISBN 978-3-12-923062-6
Die Leiden des
jungen Werther
ISBN 978-3-12-923006-0

Gerhart Hauptmann
Die Ratten
ISBN 978-3-12-923049-7

Wolfgang Herrndorf
Tschick
ISBN 978-3-12-923102-9

Hermann Hesse
Unterm Rad
ISBN 978-3-12-923092-3
Der Steppenwolf
ISBN 978-3-12-923107-4

E.T.A. Hoffmann
Der Sandmann
ISBN 978-3-12-923143-2
Das Fräulein von Scuderi
ISBN 978-3-12-923104-3
Der goldne Topf
ISBN 978-3-12-923106-7

Franz Kafka
Der Proceß
ISBN 978-3-12-923086-2
Die Verwandlung
ISBN 978-3-12-923077-0

Heinrich von Kleist
Marquise von O./ Erdbe-
ben in Chili
ISBN 978-3-12-923144-9
Michael Kohlhaas
ISBN 978-3-12-923024-4
Prinz Friedrich von Homburg
ISBN 978-3-12-923056-5

Wolfgang Koeppen
Tauben im Gras
ISBN 978-3-12-923051-0

Hartmut Lange
Das Haus in der
Dorotheenstraße
ISBN 978-3-12-923138-8

J.M.R. Lenz
Der Hofmeister/
Die Soldaten
ISBN 978-3-12-923085-5

Gotthold Ephraim Lessing
Emilia Galotti
ISBN 978-3-12-923074-9
Nathan der Weise
ISBN 978-3-12-923118-0

Liebeslyrik
ISBN 978-3-12-923031-2

Lyrik des Expressionismus
ISBN 978-3-12-923097-8

Lyrik der Nachkriegszeit
1945 – 1960
ISBN 978-3-12-923013-8

Thomas Mann
Buddenbrooks
ISBN 978-3-12-923058-9
Mario und der Zauberer /
Tonio Kröger
ISBN 978-3-12-923059-6
Der Tod in Venedig
ISBN 978-3-12-923095-4

Naturlyrik
ISBN 978-3-12-923088-6

Neue Sachlichkeit
ISBN 978-3-12-923052-7

Erich Maria Remarque
Im Westen nichts Neues
ISBN 978-3-12-923087-9

Joseph Roth
Hiob
ISBN 978-3-12-923076-3

Robert Seethaler
Der Trafikant
ISBN 978-3-12-923113-5

Friedrich Schiller
Don Karlos
ISBN 978-3-12-923044-2
Kabale und Liebe
ISBN 978-3-12-923065-7
Maria Stuart
ISBN 978-3-12-923078-7
Die Räuber
ISBN 978-3-12-923026-8

Bernhard Schlink
Der Vorleser
ISBN 978-3-12-923070-1

Peter Stamm
Agnes
ISBN 978-3-12-923124-1

Patrick Süskind
Das Parfum
ISBN 978-3-12-923117-3

Im Buchhandel erhältlich.   Weitere Informationen unter www.klett-lerntraining.de

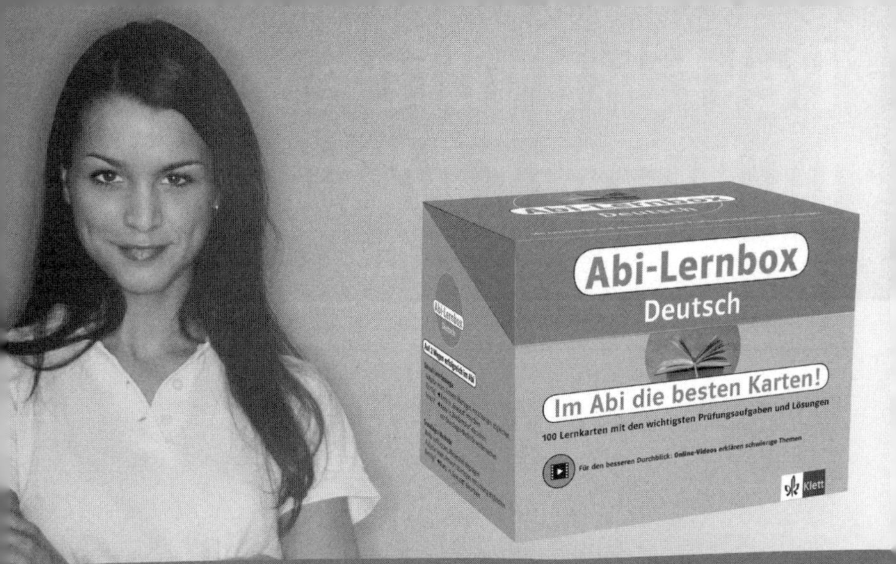

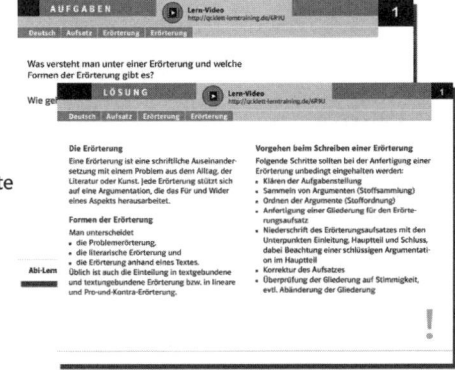

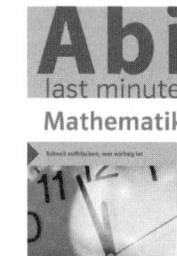